给青少年讲红色纪念馆里的故事丛书

八一军旗红：
建军的故事

南昌八一起义纪念馆　编著

中原出版传媒集团
中原传媒股份公司
大象出版社
·郑州·

图书在版编目(CIP)数据

八一军旗红：建军的故事 / 南昌八一起义纪念馆编著. — 郑州：大象出版社, 2024. 7
(给青少年讲红色纪念馆里的故事丛书)
ISBN 978-7-5711-2132-7

Ⅰ. ①八… Ⅱ. ①南… Ⅲ. ①南昌起义-青少年读物 Ⅳ. ①K263. 109

中国国家版本馆 CIP 数据核字(2024)第 046811 号

给青少年讲红色纪念馆里的故事丛书

八一军旗红：建军的故事
BA-YI JUNQI HONG：JIANJUN DE GUSHI

南昌八一起义纪念馆　编著

出 版 人	汪林中
丛书策划	董中山
项目总监	张桂枝
项目统筹	孟建华　崔　征
责任编辑	刘　震　李　昌
责任校对	毛　路　张迎娟
装帧设计	付铼铼
责任印制	张　庆

出版发行	大象出版社(郑州市郑东新区祥盛街 27 号　邮政编码 450016)
	发行科　0371-63863551　总编室　0371-65597936
网　　址	www.daxiang.cn
印　　刷	河南新华印刷集团有限公司
经　　销	各地新华书店经销
开　　本	720 mm×1020 mm　1/16
印　　张	14
字　　数	138 千字
版　　次	2024 年 7 月第 1 版　2024 年 7 月第 1 次印刷
定　　价	39.00 元

若发现印、装质量问题，影响阅读，请与承印厂联系调换。
印厂地址　郑州市经五路 12 号
邮政编码　450002　　电话　0371-65957865

丛书编委会

丛书策划

黄乔生　薛　峰　董中山　王刘纯

丛书编委

（按姓氏笔画排序）

马海亭　王小玲　卢润彩　史永平

李　游　杨　宇　杨长勇　陈　松

孟建华　袁海晓　高慧琳

本书编委会

主 编

王小玲　熊艳燕

副主编

张　江　刘小花　朱小可

编 委

（按姓氏笔画排序）

刘小花　杨　雪　周思超　林彦平

朱小可　熊超逸　周　甜　孟　欣

我们走过的路（总序）

"什么是路？就是从没路的地方践踏出来的，从只有荆棘的地方开辟出来的。"

漫长的古代，在世界文明发展的道路上，我们曾经长期领先。到了近代，中国开始逐渐落后。鸦片战争使得"天朝上国"的旧梦彻底破灭，两千多年的封建道路再也走不下去，并随即堕入半殖民地半封建社会的深渊。

百年中国近代史，是一部屈辱史、抗争史，更是一部探索史。然而探索的道路充满血泪艰辛。北洋舰队的覆灭宣告洋务运动破产，谭嗣同的流血冲淡不了戊戌变法的败局，"城头变幻大王旗"揭示出辛亥革命的无奈……列强环伺，生灵涂炭，中国前进的道路在何方？民族复兴之路在哪里？！

历史的重担落到了中国共产党肩上。"十月革命一声炮响,给我们送来了马克思列宁主义",经由五四新文化运动,马克思主义开始在中国广泛传播,1921年7月,在上海,中国共产党正式成立——中国革命的面貌从此焕然一新!

现在我们正走在中国特色社会主义的道路上,我们的国家和民族已经站起来、富起来,正在强起来。习近平总书记强调指出:"走得再远、走到再光辉的未来,也不能忘记走过的过去,不能忘记为什么出发。"

红色纪念馆能够告诉我们来时所走过的路,告诉我们为什么要出发——她是历史的积淀,是探索的记录,是前行的坐标。红色纪念馆用大量的实物、图片、文字、音视频等,浓缩了一段段难忘岁月,展现了一个个感人场景,记录了那些让我们不能忘却也无法忘却的重大事件和重要历程,彰显着我们昂扬的民族精神,温暖着我们砥砺前行中的心灵!

青少年是祖国的未来,是担当民族复兴大任的时代新人,更需要身怀梦想,牢记初心,不忘来时的路。为此,我们编写了这套"给青少年讲红色纪念馆里的故事丛书",希望广大青少年在前行的道路上、在人生的"拔节孕穗期",汲取更多的营养,积蓄更多的发展力量。

希望阅读这套图书,恰似行走在研学旅行的探索之路上,红色号角在耳畔嘹亮吹响;又似畅游在革命文化大河之中,乐观向上、坚韧不拔的东风迎面扑来。首先我们来到北京新文化运动纪念馆,看一看在那个风起云涌的年代,马克思主义如何传入中国,历史为什么会选择中国共产党;接着我们来到中国共产党第一次全国代表大会纪念馆,去感受"开天辟地创伟业"的神圣时刻、重温伟大中国共产党的创建;然后我们来到南昌八一起义纪念馆,目睹人民军队的诞生、建军大业的完成;我们来到井冈山,感受"星星之火,可以燎原"的力量;我们来到瑞金,追述一段红色故都的往事;我们来到遵义,去重温伟大转折、传唱长征史诗;我们来到延安,去拥抱那段难忘的革命岁月;我们来到八路军太行纪念馆,听一听中国共产党领导人民进行伟大抗战的故事;最后,我们来到西柏坡——这个时候,新中国已如一轮红日冉冉升起!

这就是我们走过的路。

这里面蕴含着我们的道路自信、理论自信、制度自信和文化自信。今天，"我们比历史上任何时期都更接近、更有信心和能力实现中华民族伟大复兴的目标"；"我们要一棒接着一棒跑下去，每一代人都要为下一代人跑出一个好成绩"。

这是历史的使命！

丛书编委会

2024 年 1 月

南昌首义诞新军　八一军旗分外红（代序）

南昌起义是中国共产党在大革命失败的极端危机情况下，为挽救中国革命做出的重大决策。1927年8月1日凌晨2点，在前敌委员会的领导下，周恩来、贺龙、叶挺、朱德、刘伯承等率领国民革命军2万余人发动了震惊中外的南昌起义。经过4个多小时的浴血奋战，激战至黎明时分，起义部队全歼守敌3000余人，缴获枪支5000余支，子弹70万发，大炮数门，占领了南昌城。

南昌城头一声枪响，划破了夏日夜晚的宁静，标志着中国共产党独立领导革命战争、创建人民军队和武装夺取政权的开始，拉开了中国革命的新序幕。从此，中国共产党有了自己绝对领导的新型人民军队。

2017年8月1日，中共中央总书记、国家主席、中央军委主席习近平在庆祝中国人民解放军建军90周年大会上发表了重要讲话。习近平总书记指出："1927年8月1日，南昌城头一声枪响，拉开了我们党武装反抗国民党反动派的大幕。这是中国共产党历史上的一个伟大事件，是中国革命史上的一个伟大事件，也是中华民族发展史上的一个伟大事件。"习近平总书记还指出："南昌起义连同秋收起义、广州起义以及其他许多地区的武装起义，标志着中国共产党独立领导革命战争、创建人民军队的开端，开启了中国革命新纪元。"

90余年的红旗漫卷，90余年的不忘初心，90余年的为民奋斗，90余年的砥砺前行。从石破天惊的南昌起义到千难万阻的万里长征，从艰苦卓绝的抗日战争到摧枯拉朽的解放战争，从坚决捍卫国家主权到全力支援改革开放——从南昌起义走来的人民军队始终团结在军旗下，听党指挥、能打胜仗、作风优良，立下了彪炳史册的卓著功勋，谱写了信念执着的壮丽凯歌。

在实现强军目标，把人民军队全面建成世界一流军队的今天，我们要牢记为建军事业作出重大贡献和牺牲的先烈、牢记那段危难中奋起的历史。

举旗帜、聚民心、育新人、兴文化、展形象，引导广大青少年牢固树立"听党话、跟党走"的坚定信念，增强红色文化的影响力，进一步激发广大青少年的爱国主义热情，是作为"全国爱国主义教育示范基地"的南昌八一起义纪念馆义不容辞的责任。因此，南昌八一起义纪念馆一直致力于通过创新传播方式，采取请进来和走出去的双重模式，利用青少年喜闻乐见的形式讲述红色故事，弘扬红色基因。

书是人类进步的阶梯。想要更加广泛地传播红色文化，离不开书籍这个有效的平台。《八一军旗红：建军的故事》一书是大象出版社"给青少年讲红色纪念馆里的故事"丛书中的一本，在编写过程中，我们时刻提醒自己这本书是以青少年为阅读对象，不管是内容还是形式都要符合青少年的认知特点。

为此，我们整理了馆内大量的史料、文物、图片、文字、音视频等资料，紧密结合青少年的思想、学习、生活的实际进行了内容的取舍，通过一个个独立的故事讲述人民军队从这里走来，反映先烈们共有的革命精神，传播红色文化；又根据青少年的理解能力和语言风格进行故事编写和图片配置，在尊重历史真相的前提下，用生动活泼的语言再现一个个真实感人的故事，并配以大量的相关历史图片作为文字内容的有效补充。所有的努力都是致力于为广大青少年提供一本主题有益、内容有趣、语言有味的红色主旋律读物。

"问渠那得清如许？为有源头活水来。"希望越来越多的青少年喜欢阅读红色主旋律的书籍，并通过阅读接受更多的革命历史知识和革命传统美德，更好地体会革命理想高于天的情怀，进而增强爱国主义情感，真正成为强国、强军道路上最积极、最活跃的群体。

"吃水不忘挖井人",让我们以此书再次缅怀那些用热血铸就军旗红的先烈,并以我们的实际行动向他们致以最崇高的敬意!

王小玲

目 录

第一部分
石破天惊第一枪
——认识南昌起义......001

血雨腥风　为什么发动南昌起义？......003

伟大决策　为什么在南昌举行起义？......009

一波三折　为什么南昌起义时间数次更改？......016

统战策略　为什么打国民党旗帜？......024

艰难历程　起义后部队为什么南征广东？......030

星星之火　南昌起义为什么了不起？......035

第二部分

热血铸就军旗红

——致敬南昌起义 041

出奇制胜　朱德施计擒敌首 043

团长拜会　侯镜如刺探敌情 048

"上阵父子兵"　姜氏父子齐上阵 053

舍生取义　陈守礼血洒贡院 059

千钧一发　攻打敌总指挥部 065

欢呼胜利　"红带兵"的由来 071

民众支前　一万银元寄深情 077

惊心动魄　陈居玺惊险传密函 081

誓死杀敌　悲壮血战三河坝 087

千里转战　"中国也会有个'1917'" 095

第三部分

群英璀璨耀中华

——追忆八一英豪 101

薄薄毛毯送温暖　周恩来情系百姓 103

"党要我怎么干就怎么干"　贺龙铁心跟党走......108

"没有授衔的元帅"　叶挺治军严如铁......113

"独眼军神"　刘伯承出任参谋团参谋长......119

"吕端大事不糊涂"　叶剑英三献妙计......125

临危受命　聂荣臻单骑策反......130

"郭主任"遇险　郭沫若星夜赶赴南昌......136

"八老"之首　八一老兵徐特立......141

医疗传奇　傅连暲治愈陈赓伤腿......146

不爱红装爱武装　人民军队里的第一批女兵......152

  谭勤先机智斗敌......153

  杨庆兰勇救陈赓......155

  王鸣皋艰难转移......157

第四部分

红色基因永相传

——铭记"八一精神"......159

八一建军节由来......161

陈毅挥毫题馆名......167

伟人留踪忆往事......174

周恩来故地重游......174

大年初二迎来 75 岁高龄的朱德......177

贺龙默默细数当年留在墙壁上的弹痕......179

基地展示新风采......182

走进江西大旅社

——探寻一段历史......182

走进叶挺指挥部

——重温一个故事......186

走进贺龙指挥部

——感受一场战斗......189

走进军官教育团

——培育一批精英......191

走进花园角 2 号

——认识一位领袖......197

附录 南昌八一起义纪念馆介绍......201

后记......203

第一部分

石破天惊第一枪

——认识南昌起义

江西南昌，一座历史悠久的文化名城。南昌起义，一场战士们用血肉筑起长城、打响武装反抗国民党反动派的第一枪的战斗。九十载已过，当年起义的枪声已逝，战斗的硝烟已散，但南昌城头升起的军旗依然高高飘扬。

钢铁人民军队诞生的背后是一次次惊心动魄的生死博弈，军旗高高飘扬的背后是一遍遍商讨谋划的运筹帷幄。你可知道，就在起义前夕，江西大旅社的喜庆礼堂依旧彻夜明亮，是否要举行南昌起义的激烈的争论不绝于耳……

起义前夕为何有激烈争论？南昌起义到底有哪些重大历史意义？让我们带着这些问题，踏着历史的车轮重回1927年的那个夏天，品味革命背后的故事，感受硝烟炮火的热血岁月。

血雨腥风
为什么发动南昌起义？

朱德赞"八一"

朱德曾在1957年赋诗称赞南昌起义："南昌首义诞新军，喜庆工农始有兵。革命大旗撑在手，终归胜利属人民。"可见，南昌起义在中国革命历史上具有极其重要的地位，标志着中国共产党独立领导革命战争和创建人民军队的开始。当时中国共产党为什么要发动南昌起义呢？我们从革命烈士陈赞贤的英雄故事开始说起。

1927年的中国内忧外患，不同派别的军阀你争我斗，老百姓长期生活在战乱当中，苦不堪言。为了消灭这些军阀，国民党和中国共产党两党合作，联合起来发动北伐战争。正当北伐战争节节胜利的关键时刻，国民党反动派蒋介石集团却开始走上阴谋破坏国共合作，大肆屠杀共产党员的道路。

当时有一位名叫陈赞贤的共产党员，年仅30岁就担任江西赣州总工会委员长一职。他上任不久就带领全市工人开展以增加工资、改善待遇、实行八小时工作制为中心内容的斗争。而当地反动势力对陈赞贤领导开展的工农运动恨之入骨，他们开始谋划着要对陈赞贤动手。

1927年3月6日，陈赞贤被反动派军官胡启儒诱捕，胡启儒逼迫陈赞贤签字解散总工会，停止工农运动。陈赞贤斩钉截铁地说："头可断，血可流，解散工会的字我不签！我从事工农运动，何罪之有？你们镇压民众，破坏革命，才是大罪弥天！"胡启儒气急败坏，拿出蒋介石的密令说："蒋总司令有令在此，今晚要枪毙你！"说完，拔枪就朝他猛开几枪，其他在场的反动军官及十几个刽子手同时开枪射击。陈赞贤高呼着"打倒新军阀！""工会万岁！""中国共产党万岁！"身中18弹壮烈牺牲，时年31岁。

陈赞贤是蒋介石下令杀害的第一位共产党员。1927年3月6日这一天传递出国民党反动派血腥镇压共产党的信号。紧接着，蓄谋已久的蒋介石又在上海发动反革命政变。4月12日凌晨，早就做好准备的大批流氓地痞臂戴"工"字袖标，从租界冲出，向分驻上海总工会等处的工人纠察队发动突然袭击。他们穷凶极恶，见物就砸，见人即打，120多名工人惨死在反革命的枪口下。而上海总工会委员长、共产党员汪寿华已在前一天被青帮头目杜月笙骗去，惨遭秘密杀害。

蒋介石的反革命行为，激怒了上海人民。第二天上午，上海召开10万人的群众大会，会后工人们冒雨游行，高呼着"打倒新军阀"等口号，要求释放被捕工友，归还被缴枪械。队伍行进到宝山路时，遭到早已埋伏好的反动军队的袭击，他们用机枪向密集的人群扫射，当场打死300多名工人，伤者不计其数。雨中，革命者的鲜血染红了街头，死难者的遗体堆积如山。

此时的上海对于共产党员而言，已是恐怖的人间地狱。仅3天的时间，就有500多人被捕，5000多人失踪。随后在江苏、浙江、安徽、广东、广西等地，大批共产党员和革命群众被捕杀。北方的军阀张作霖也捕杀了大批共产党员和革命群众。4月28日，中国共产党创始人之一的李大钊在北京被施以绞刑，壮烈牺牲。

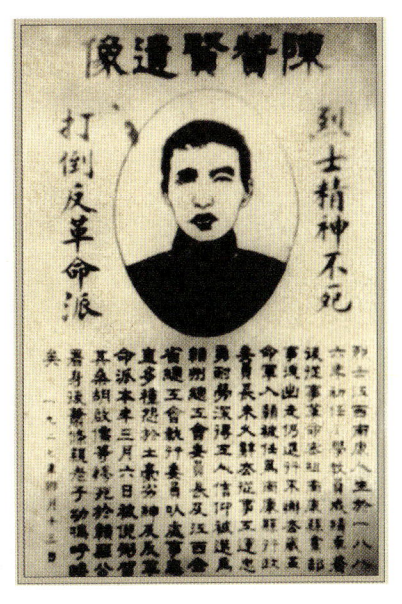

1927年3月6日，蒋介石指使当地驻军残酷杀害赣州总工会委员长、共产党员陈赞贤。图为陈赞贤烈士遗像

此外，在武汉还有一个以汪精卫为核心的国民党派系。面对蒋介石集团大屠杀的非人行径，中国共产党还寄希望于汪精卫集团。汪精卫集团也大玩两面派：一面声称要"东征讨蒋"，借此拉拢中国共产党，利用革命力量同蒋介石争夺权力；一面又同蒋介石秘密勾结，伺机镇压革命。很快，汪精卫开始撕掉伪装，逐渐露出反革命的真面目。1927年7月15日，汪精卫正式召开"分共"

会议。会后，汪精卫密令第三十五军军长何键屠杀共产党和革命群众，街头还贴出了"宁可枉杀千人，不可使一人漏网"的反动标语。武汉汪精卫集团和南京蒋介石集团由原来的对立转为合流，共同屠杀共产党员和革命群众，第一次国共合作最终全面破裂，持续三年多的大革命失败了。

在这样的形势下，中国共产党陷入极其严重的危机。据统计，从1927年3月到1928年上半年，被杀害的共产党人和革命群众

1927年4月12日，蒋介石在上海悍然发动反革命政变，疯狂地搜捕和屠杀工人纠察队和革命群众。图为"四一二"反革命政变的报道。在此前后，四川、江苏、浙江、安徽、福建、广西和广东等地相继发生了以"清党"为名，对共产党人和革命人士进行血腥屠杀的事件

1927年7月15日，汪精卫等控制的武汉国民党中央决定"分共"。随后对共产党员和革命群众实行大逮捕、大屠杀。至此，由国共两党合作发动的大革命宣告失败。图为"七一五""分共"的报道

南昌八一起义纪念馆馆内的"全国大屠杀统计表"

人数多达 31 万,其中共产党员 2.6 万人。著名的共产党人萧楚女、熊雄、夏明翰、罗亦农等英勇牺牲。夏明翰在就义前的绝命诗中写道"砍头不要紧,只要主义真。杀了夏明翰,还有后来人",表现出坚决以生命和鲜血来捍卫共产主义信念的崇高精神。党的组织只能转入秘密状态,许多党组织一再遭到破坏,中国共产党面临着被敌人瓦解和消灭的危险。

面对这种险恶的环境,要不要坚持革命?如何坚持革命?这是中国共产党必须回答的两个根本性问题。在血雨腥风中,英勇的共产党人没有被吓倒,他们坚定革命的理想,相信胜利终会到来。

但是,怎样坚持革命?革命应当走什么道路呢?血的教训使中国共产党人知道了答案:敌人十分强大和凶残,仅仅依靠工农罢工和群众斗争是不可能获得胜利的,中国共产党必须要有自己的武装力量，用武力来反击国民党反动派的大屠杀行径。

1927年7月12日，武汉一幢三层西式洋房的二楼会议室内弥漫着紧张的气氛。由于对国民党反动派一再妥协和退让，中共中央原最高领导人陈独秀被停职，由张国焘、李维汉、周恩来、李立三、张太雷5人组成中共中央政治局临时常务委员会。新组建的中共中央政治局临时常务委员会在武汉决定，实行土地革命和民众武装暴动的新政策。

在新的政策下，中国共产党的主要领导人开始酝酿和发动南昌起义。这预示着武装反抗国民党反动派的第一枪即将打响，中国共产党开始走上独立领导革命武装斗争的新道路。

历史小百科

李大钊英勇就义

1927年4月6日，奉系军阀张作霖勾结帝国主义，在北京逮捕李大钊等80余人。为了逼迫李大钊招供，敌人对他施用了多种酷刑，电椅、老虎凳、用竹签插手指……最后竟残忍地拔去了他双手的指甲。李大钊始终严守党的秘密，大义凛然，坚贞不屈。4月28日，北洋军阀政府不顾社会舆论的强烈反对和谴责，将李大钊等20位革命者绞杀在西交民巷京师看守所内。临刑前，李大钊同志一如平日，从容不迫地发表了最后一次慷慨激昂的演说："不能因为反动派今天绞死了我，就绞死了伟大的共产主义，共产主义在中国必然得到光辉的胜利。"他高呼"共产党万岁！"英勇就义，时年38岁。

伟大决策

为什么在南昌举行起义？

军旗升起的地方

675年，唐代文学家王勃在南昌写下《滕王阁序》，"物华天宝""人杰地灵"，这让南昌享誉中外。1927年8月1日，中国共产党在南昌打响了武装反抗国民党反动派的第一枪，从此，南昌成为军旗升起的地方。为何历史总是偏爱南昌呢？中国共产党在南昌举行起义到底是因为机缘巧合还是事先的计划？让我们一起从下面这个故事中寻找答案。

1927年7月25日，南昌城的老百姓异常兴奋，因为他们得知威名赫赫的北伐将军叶挺和他率领的"铁军"要从九江开进南昌城。

傍晚，"铁军"进城了，此时的南昌街头熙熙攘攘。市民们拥站在街道的两旁，手持旗帜，热情地欢迎"铁军"。街头巷尾时不时传来歌声："蒋逆介石，蒋逆介石，新军阀，新军阀，我

南昌八一起义纪念馆展品：油画《欢迎铁军》（作者：马宏道）

们团结起来，我们团结起来，打倒他！打倒他！"

有的市民低声谈论着近来的时局：

"铁军这次是奉命东进打反动派蒋介石的。"

"蒋介石背叛革命之后，听说武汉的汪精卫谋划利用共产党员的部队去南京讨伐蒋介石，既可以从蒋介石手中抢到国民党'老大'的宝座，又可以借蒋介石的手将共产党消灭，打着一石二鸟的好算盘。"

"贺龙的第二十军和黄琪翔的第四军也早就驻扎在九江附近了……"

叶挺坐在马背上，向街道两旁热情欢呼的市民们敬礼。此时此刻全军上下，只有包括叶挺在内的少数军官知道，数天之后，他们将在南昌打响武装反抗国民党反动派的第一枪。

1927年7月下旬，当时我党能够掌握和影响的武装力量已集中在九江一带，为何不直接在九江发动起义，反而要舍近求远在南昌举行起义呢？

我们不妨将历史的车轮倒回到那个夏天，一起来探究震惊中外的"第一枪"为何会在南昌城打响。

1927年7月19日，李立三和邓中夏乔装扮作军人秘密从武汉来到九江。李立三此行九江的任务是联络第二方面军总指挥张发奎，从而一起将部队带回广东。张发奎是广东韶关人，北伐时和中共关系比较好，一直有回粤的打算。此时的李立三悲愤交加，因为从4月份开始，他亲眼看着一批又一批自己的同志倒在国民党反动派的屠刀下。他下船之后尽管已十分疲惫，但未作片刻休息，立即会见了在第四军中任政治部主任的廖乾五。廖乾五告诉他，张发奎部下的多数军官已经叫嚷着要"分共"，张发奎本人也表示拥护汪精卫，要与他合作恐怕已无可能。

第二天，李立三和谭平山、邓中夏、叶挺、聂荣臻等人在九江海关内一幢二层楼房里召开秘密会议。李立三率先发言。他用十分坚决的语气说道："张发奎已经明确表态拥护汪精卫，联合张发奎回广东已经不可能了。张发奎放出狠话，要把第二方面军里的共产党员全部清理掉。我们党掌握和影响的部队现在的处境十分危险，驻在南昌、临川、樟树的朱培德第五方面军的第三军、第九军，还有正在从萍乡向南昌移动的程潜第六军把叶挺的部队围得死死的。如果我们还要幻想依靠张发奎，不尽快搞武装暴动，我们手上这点兵力迟早会被蒋、汪全部吃掉。所以不能依靠张发奎了，我们要独立行动，立即在南昌举行武装暴动。"

听了李立三这番话，大家都沉默了。片刻，谭平山说道："我赞成立三同志的建议，抛弃联合张发奎政策，将部队拉到南昌发动武装暴动。"

"我们的部队大都驻在九江，为何不在九江一带暴动，部队开进南昌是否动作太大了？"邓中夏质疑道。

谭平山立即摇头说道："张发奎的总指挥部就设在九江，九江对面驻有唐生智的3万大军；九江三面临水，交通便利，距离武汉、南京较近。如果在九江起义，蒋、汪的重兵便会通过水路快速到达九江攻击我军，到时候即使我们打赢了，我军也没有充足的时间撤离。"

他拿起桌上的茶杯喝了一口水，接着又说道："相反，南昌在内陆，交通不够发达，只通了一条南浔铁路，因为赣江的阻挡，铁路只修到了江的北面。起义之后我们可以借助赣江来防守；赣江比不上长江的水深，敌人向南昌运兵也是有困难的，我军有更充裕的时间撤离。"

"平山同志的分析很有道理啊！"这时聂荣臻开口说道，"从兵力对比上来看，目前敌人在南昌方面的力量比较空虚。第五方面军总指挥朱培德正在庐山，他所辖的第三军和第九军分别驻在吉安、进贤一带，南昌城内敌军只有朱培德的一个直属警卫团、第三军的两个团和第九军的一个团，总兵力约 3000 人，在南昌暴动我们兵力上是有优势的。"

李立三对工农运动情况十分熟悉，他补充道："我们党在南昌的群众工作做得很好啊。去年北伐时，南昌成立了很多新的农会、工会组织，大家的革命热情很高涨啊。"

"按照中央的计划，暴动后我们南下去广东。南昌是南下的必经之地，而且南昌和九江相比，经济更发达，物质更丰裕，部队的补给更有保障。"叶挺说道。

经过一番激烈的讨论，最后大家对于起义的地点不再有异议。会议决定由李立三负责向党中央报告。当时贺龙还不是共产党员，

南昌八一起义纪念馆展品：油画《第一次九江谈话会》（作者：王铁牛）

但贺龙的第二十军约有7000兵力，倘若能争取到贺龙参加起义，那么起义成功的可能性就更大了。于是李立三、邓中夏和谭平山三人兵分几路立即开始行动。

会议一结束，李立三和邓中夏二人立即上庐山，请瞿秋白将在南昌举行起义的建议带给中共中央商议，并希望尽快得到回复。

7月23日，谭平山见到贺龙，他不紧不慢地表示：我党决定在南昌举行暴动，希望你率领第二十军和我们一致行动。贺龙激动地回答道："平山同志，我贺龙感谢党中央对我的信任；也感谢你把这样重大的机密告诉我！我只有一句话，赞成！我完全听从共产党的指示。"

八一小博士

瞿秋白与南昌起义

瞿秋白与南昌起义的事，许多人并不十分了解。事实上，瞿秋白在南昌起义过程中发挥着重要作用。1927年7月中旬，瞿秋白正在庐山休养，李立三等人在九江秘密商讨决定在南昌举行暴动。会后，李立三等人上庐山和瞿秋白等商议，瞿等表示"完全赞同这项意见"。为了促使中央从速决策，瞿秋白21日返回武汉，于7月24日参加临时中央常委扩大会议。会议决定组织前敌委员会，由周恩来任书记，即赴南昌负责组织起义工作。南昌起义前夕，瞿秋白为张国焘前往南昌贯彻中央决定开展了大量的说服工作。南昌起义后，瞿秋白又统筹部署了起义军南下的具体行动方案。

有了贺龙第二十军的加入，在九江至南昌的南浔铁路线之间，中共所掌握的军事力量大大增强，再加上叶挺第十一军二十四师、第四军二十五师两个团，朱德的军官教育团与南昌公安局干警各一部分以及从各地赶来的工农武装等，总兵力达 2 万余人，起义胜利的把握比较大。

正因如此，武装反抗国民党反动派的第一枪会在南昌打响，南昌成为军旗升起的地方。南昌城也因此多了一个美誉——"英雄城"。

一波三折

为什么南昌起义时间数次更改？

打响第一枪

在南昌八一起义纪念馆陈列大楼的序厅内，有一座名为《石破天惊》的圆雕。圆雕中的一块石块上镌刻着南昌起义打响的时间——1927年8月1日凌晨2时。但你们可知道起义时间经过数次更改？为何起义时间会几经更改？这其中又有哪些鲜为人知的故事呢？

1927年7月24日，中共中央在武汉召开临时常委会议，研究南昌起义的具体问题。根据李立三等在九江的同志的建议，中央同意在南昌举行暴动，将起义的时间定在7月28日。周恩来、李立三、恽代英、彭湃4人组成前敌委员会，由周恩来担任前敌委员会书记，前往南昌领导起义。

7月27日早晨，周恩来秘密从九江到达南昌。当天晚上，周恩来来到江西大旅社。江西大旅社是当时南昌城内最豪华的旅社。

南昌八一起义纪念馆序厅全貌

起义前夕，江西大旅社被国民革命军第二十军一师以师部的名义包租下来，成为南昌起义总指挥部。图为江西大旅社

它地处南昌繁华的市中心，许多富商巨贾、达官显贵来此聚会，十分热闹。也正因为这个场所鱼龙混杂，有利于掩护起义的准备工作。贺龙第二十军一师把这里整个包租下来，并派卫兵严加把守。

夜晚，江西大旅社一楼的喜庆礼堂内灯火通明。周恩来、李立三、彭湃和谭平山等人围坐在一起讨论起义的具体事宜。连续几天奔波劳累的周恩来显得十分疲惫，但一想到自己身上的重担，他便立刻精神饱满："根据党中央的决定，党的前敌委员会现在正式成立了。中央令我担任前委书记，负责领导这次起义。"

随后，前委举行了第一次会议。会上决定，因起义准备工作还未完全就绪，起义时间由原定28日晚推迟到30日晚上。

然而，正当周恩来等人紧锣密鼓地准备起义时，令人意想不到的事情发生了。就在南昌起义进入倒计时的最后一天，前委收到两封意外的急电，电报上写道："暴动要慎重，无论如何候我到再决定。"大家看完电报都十分恼火，这到底是怎么回事呢？

原来，这位发电报的人就是当时担任中共中央临时常委的张国焘。

7月30日早晨，张国焘以"中央代表"的身份匆匆赶到了南昌。他到后立即通知大家开会。

待大家坐下后，张国焘便立即开口说道："我是来传达共产国际指示的，他们的意思是，起义有把握成功才能举行，否则就不能行动！我还有一点意见，这次起义要得到张发奎的同意才能发动。他不同意我们绝对不能行动……"

"现在都什么时候了，这个问题难道还需要重新讨论吗？"一向性急的李立三还没等张国焘讲完便开口说道。

"这个问题当然是要讨论的。要不然上面派我来南昌做什么？"张国焘不满地对李立三说道。

此时谭平山也忍不住了，用力拍了一下桌子。

会议室内的气氛顿时紧张起来。

见此情景，周恩来开口说道："干还是要干的。张发奎已经和汪精卫是一伙的了，他绝对不会同意我们起义，不能再依赖张

南昌八一起义纪念馆展品：油画《前委扩大会议》（作者：施绍展）

发奎了。"

此时的张国焘还不死心，他继续说道："我对这里的情况也不是很了解，但起义关乎同志们的生命，你们还是谨慎一点为好嘛。"

一向温和的周恩来愤怒地站了起来，手中的茶杯"砰"的一声顿在桌子上，茶水溅了一桌面。他对着张国焘大声说道："你说这些究竟是你的意思还是共产国际的意思？共产国际和中央叫我来主持这次暴动，你又说共产国际不赞成暴动。既然这样，那我只有辞职了，我现在立刻回武汉向中央报告。"

会场顿时鸦雀无声，气氛降至冰点。

会议一直持续到深夜，依然没有结果。有人提议投票决定，但因张国焘是中央代表,不能以少数对多数投票决定,投票的提议最终被否决了。最后只好暂时休会,等第二天再商议。

7月31日早晨,继续开会。

会议刚开始,一个卫兵走了进来,递给叶挺一份急电。这份电报是张发奎发来的。他在电报里说了三件事:一是要贺龙和叶挺迅速去庐山开会;二是命令贺龙和叶挺在规定的时间内把部队带回九江;三是他自己会在8月1日到南昌,亲自监督叶挺和贺龙撤兵南昌。

听完电报,大家顿时议论起来。情况已十分紧急,起义不能再等了。周恩来力排张国焘的干扰意见,果断决定发动南昌起义。

最后贺龙、叶挺签发了作战命令:"我军为达到解决南昌敌军的目的,决定于(明日)8月1日4时开始,向城外所驻敌军发起进攻,一举而歼之!"

但是起义时间最终定在8月1日凌晨2时,而不是前委一致决定的凌晨4时,这又是什么原因呢?

7月30日下午2点,叶挺就把第二十四师里可靠的营以上军官秘密召集到师部,进行战前部署和动员。与此同时,贺龙也秘密召集第二十军的团以上军官宣布了起义的消息,部署了作战任务,并换掉了几个不可靠的连长,新任连长都是共产党员。

然而,就在战斗即将打响的时刻,起义军内部却出现了叛徒。

7月31日夜9时许,第二十军一师师长贺锦斋与一团团长刘达五两人一头闯进贺龙的指挥部,喘着粗气报告:"贺师长,三营副跑了！"

"哪一个？"贺龙急切地问。

"赵福生，就是在武汉逃跑又被招抚回来的那个，从营长降为副营长的。"

赵福生是黄埔毕业的，其父是地主，被当地农民打倒了，他开始对中共心生怨恨，一直在寻找机会投靠国民党。

赵福生听到南昌起义的消息，感觉机会终于来了。会一开完，他便趁夜色溜到朱培德的指挥部告密。

这时第二十军的一个执勤士兵发现赵福生鬼鬼祟祟地钻进了第五方面军总指挥部，立即将情况上报。贺龙马上将这一情况告知周恩来。

获悉这一意外，周恩来严肃又沉着地与前委成员分析，起义计划已经泄露，必须当机立断。经过紧张商议，前委会决定将起义时间由原定的8月1日凌晨4时提前到凌晨2时。

砰！砰！砰！城内某处清脆的三声枪响，这是指挥部发出的起义作战信

历史小百科

前敌委员会

前敌委员会，简称"前委"，是指中国共产党中央委员会在革命战争时期，为组织领导某一地区的武装起义或重大战役而设立的党的高级领导机关。南昌起义前夕，中共中央指定周恩来、李立三、恽代英、彭湃组成前敌委员会，周恩来任书记，组织领导南昌起义。

南昌八一起义纪念馆馆藏的南昌起义时使用的武器

号。顿时,四处的枪声像炒豆一般炸了开来。起义军向南昌各处重要目标发起攻击。经过几个小时的激战,起义军势如破竹,攻占了所有目标。

8月1日拂晓,红日初升,战斗胜利结束。起义军全歼守军3000余人,占领了南昌城。

统战策略

为什么打国民党旗帜?

第一次国共合作

1924年1月,国民党一大在广州召开,对三民主义作出新的解释,确立了联俄、联共、扶助农工的三大政策,标志着第一次国共合作正式形成。然而,1927年春夏之交,蒋介石集团、汪精卫集团相继背叛革命,第一次国共合作破裂。尽管如此,中国共产党和国民党左派人士为遵循孙中山先生"革命尚未成功,同志仍须努力"的遗训而继续奋斗着……

1927年8月2日下午,位于南昌市皇殿侧的江西公共体育场人山人海,锣鼓咚锵,热闹非凡,每个人的脸上都洋溢着欢乐的笑容。南昌民众约5万人欢聚体育场,共同庆祝南昌起义的胜利和中国国民党革命委员会的成立。

会场主席台中间悬挂着国民党的旗帜和孙中山的遗像遗嘱。礼堂前上方横挂着"中国国民党革命委员会就职典礼"的横幅。

南昌八一起义纪念馆馆内微缩景观：五万人大会

大会开始了，司仪李立三宣布革命委员会成立。大家向孙中山遗像行三鞠躬礼后，全体委员举行庄严的宣誓：

"余等誓以至诚恪守总理遗训……履行革命职责。为全国大多数民众利益奋斗到底，绝不妥协……"

听完委员们的誓词，会场上的各界民众精神奋发，纷纷高呼："完成国民革命！打倒一切叛党叛国的反动派！国民革命成功万岁！"

也许大家会问：庆祝南昌起义胜利的大会，为何悬挂国民党的旗帜而不是中国共产党自己的旗帜？起义后成立的机构称谓为何有"国民党"三个字呢？

原来，革命委员会是一个全新的机构，全名为中国国民党革命委员会，8月1日起义胜利当天上午成立，由宋庆龄等25人担任革命委员会委员。宋庆龄、邓演达、谭平山、张发奎、贺龙、郭沫若、恽代英7人为主席团成员。这份名单列入了宋庆龄、邓演达等多位国民党左派的重要人物，体现了国共合作，既有国民党代表又有中共代表。

随后，中国国民党革命委员会主席团发布命令，作出了一系列人事任命：任命贺龙兼代国民革命军第四集团军第二方面军总指挥；任命叶挺兼代国民革命军第十一军军长；等等。起义军继续沿用国民革命军第二方面军的番号。

既然南昌起义是由中共中央的重要领导人提议发动，中共中央同意并部署，委派周恩来为书记的前敌委员会负责领导和策动的，为什么还要处处打着国民党的旗帜来继续进行革命斗争呢？

第一个原因是要争取以宋庆龄为代表的国民党左派人士的支持和参与，以共同反对国民党反动派的统治。

南昌起义时，国民党内部并不团结，分为多个派系。其中以宋庆龄为首的国民党左派人士同中共的关系较好，主张国共两党合作，共同实现孙中山的革命遗愿。

1927年4月，蒋介石在上海发动反革命政变后，宋庆龄立即联合邓演达、毛泽东等40位国共两党成员联合发表讨蒋通电，号召大家打倒蒋介石。7月15日，汪精卫公开下令捕杀共产党员，宋庆龄大为失望，声明脱离武汉国民政府，秘密返回上海，闭门谢客。

南昌起义爆发之后，汪精卫写信给宋庆龄，试探她对起义的态度。对此，宋庆龄旗帜鲜明地肯定南昌起义，随后用访问苏联的实际行动回答了汪精卫的试探。到达莫斯科后，宋庆龄接受了列宁格勒《真理报》记者的采访。谈及前不久爆发的南昌起义，宋庆龄说道："起义的人们在工农群众的支持下，能够在广东南部一个地区建立强大的根据地……我支持那种立即建立国民党左派政权的愿望。"

宋庆龄是国民党左派的重要人士，她在国内外具有十分强大的威望和号召力。在国民党内部还有很多像宋庆龄一样十分痛恨

历史小百科

二十世纪的伟大女性——宋庆龄

宋庆龄1893年1月27日出生于上海一个牧师兼实业家的家庭。1913年在美国完成学业后毅然回国。1915年10月与流亡在日本的孙中山结婚，从此随孙中山踏上捍卫共和制度的艰苦斗争历程。1925年3月孙中山逝世后，以宋庆龄为代表的中国国民党左派人士，坚持1924年国民党一大确定的联俄、联共、扶助农工三大政策，先后历经白色恐怖的腥风血雨及长达14年的抗日战争，经历反内战、反独裁的民主革命，始终与中国共产党风雨同舟、肝胆相照，患难与共，是中国共产党久经考验的挚友。她在不同历史时期，团结爱国人士，为中国的革命统一战线作出了巨大的贡献。她为中国的革命事业奉献了宝贵的一生，人们赞誉她为"国之瑰宝""二十世纪的伟大女性"。

蒋介石、汪精卫的反革命行径，并希望继续保持国共合作，以完成北伐统一中华的国民党左派人士。在这样的情况下，南昌起义后打出国民党的旗帜，就能够联合以宋庆龄为代表的国民党左派人士的力量，共同反对国民党反动派。

第二个原因是为了争取国民党部队中下层官兵的支持，实现二次北伐的目的。

国共两党第一次合作期间，中共在军队中的党员数量十分少。就拿党员数量较多的国民革命军第二方面军来说，仅有中共党员3000名左右。虽然中共党员的数量较之建党之初的几百人有所增加，但与国民党相比还很弱小。再加上蒋介石、汪精卫的大屠杀政策，党员数量一度锐减。因此，在中共并未完全掌握军队力量的情况下，使用"国民革命军第二方面军"的旧番号，更有利于叶挺、贺龙动员部下起义，维系军心。

在发动南昌起义之前，中共制订了南下广东重新建立革命根据地并再次北伐的计划。广东是近代革命的策源地、孙中山领导的革命运动的中心。在这样的情况下，使用国民党的旗帜有更多的回旋余地，有利于实现二次北伐的目的。

第三个原因是共产国际指导的结果。

当时的共产国际又称第三国际，总部位于莫斯科，是一个共产党和共产主义组织的国际组织。

在1927年4月12日，蒋介石发动反革命政变后，共产国际指示中国共产党在退出武汉国民政府的同时，不退出国民党，并且强调中共举行暴动只能在国民党的旗帜下进行，认为抛弃国民党旗帜的时机还不够成熟。

综合以上因素，中共在南昌起义时使用国民党旗帜起到过一定的作用。但随着起义部队在南下广东途中和国民党反动派的不断战斗，共产国际和中共逐渐认识到打国民党旗帜的弊端。后来取消了起义军原来所用的"国民党革命委员会"的名义，改为苏维埃，军队改组为红军，打出镰刀斧头的旗帜。

艰难历程

起义后部队为什么南征广东？

聂荣臻谈南昌起义

聂荣臻曾反思南昌起义："用今天的眼光回头看，南昌起义也有深刻教训的……广东有什么特别好的条件非回去不可呢？"当时到底是出于何种考虑使得起义军最终决定离开南昌南征广东呢？

从 1927 年 8 月 3 日开始，起义军按照中央原定计划分批撤离南昌，南征广东。为了避免和敌人进行正面的交锋，起义军选择了沿着江西和福建交界处崎岖的山路南下。

当时正值酷暑，天气十分炎热。白天骄阳似火，夜晚热气蒸人，大家睡在野外被蚊虫叮咬，彻夜难眠。部队走的都是崎岖不平的山路，士兵每人还要背着沉重的枪支弹药，有时还要跑步前进，非常疲惫。越来越多的人开始生病，又缺少药物治疗，部队的战斗力大大减弱。到临川时，部队减员达到三分之一。

起义部队向广东进军，使广东的国民党反动派十分惊慌。8月8日，敌黄绍竑率领两个师从广东兵分两路进入江西，企图围堵起义军。8月25日，起义部队又与敌钱大钧的两个团在壬田交战，贺龙亲自指挥部队向敌人进攻，经过几个小时激烈战斗，我军占领了瑞金。8月底9月初，起义军在会昌同国民党黄绍竑部队进行了两次激烈战斗，起义军占领了会昌。我军三战三捷，暂时打退了敌人的进攻，但自身伤亡也十分惨重。

　　会昌战斗结束后，起义军决定改道从福建汀州向广东潮汕一带进军。部队历经艰难困苦，依然百折不挠，到达广东后，于9月24日一度占领汕头，这使得敌人大为震惊。数天后，敌军加派了三个师的兵力向起义部队包围而来。起义军虽奋勇杀敌，顽强不屈，但最终因敌众我寡又无后援，主力在潮汕地区遭到了军事

南昌八一起义纪念馆展品：油画《会昌战斗》（作者：马宏道）

失败。

起义军最终剩下两支，其中一支由董朗、颜昌颐率领的1200余人，历经艰险到达海陆丰地区，和当地农军会合，改编为红二师，参与创建海陆丰革命根据地。另外一支由朱德、陈毅、王尔琢率领的2000余人，从广东梅州三河坝一带突围后，于1928年4月和毛泽东领导的湘赣边界秋收起义部队会师井冈山，组建红军第四军。

南昌出发时，起义部队有2万余人。南下广东之后，在短短数月里，部队最终剩下两小分支共3000余人。我们不禁有了疑问：当时中共为何不在起义胜利时留在南昌或者就近建立革命根据地，

八一小博士

潮汕七日红

潮汕是潮州和汕头等地的合称，位于广东东部滨海地区。1927年9月23日，贺龙、叶挺率领的起义军来到潮州。很多群众得知贺龙和叶挺的部队到来，便自发组织起来为起义军清除铁路沿线的障碍，使得铁路交通得以恢复，为起义军占领汕头创造了有利条件。9月24日，起义军前锋进入汕头市区，与工农军并肩作战，攻下国民党警察总局，并全部解除警察武装。第二天在汕头举行了军民联欢大会，庆祝起义军胜利占领潮汕。起义军在潮汕地区先后占驻7天，在汕头市建立了红色人民政权革命委员会，组织工农武装起义，一扫"四一二"反革命政变以来笼罩汕头大地的白色恐怖阴霾。这段光荣革命历史被人们称为"潮汕七日红"。

却要舍近求远选择南下广东呢？

8月1日，南昌起义胜利之后，周恩来召集参谋团的刘伯承、叶挺和贺龙等人开会，共同研究敌情以确定下一步行动。作为参谋长的刘伯承首先分析道："汪精卫、朱培德等人正在庐山开会，他们一定会指挥驻扎在江西东乡、吉安一带的第九军、第三军以及九江以北的唐生智主力前来南昌围攻我军。"

贺龙十分赞成刘伯承的分析。他接着刘伯承的话说道："刘参谋长说得很对，汪精卫容忍不了我们，蒋介石更是把我们当成眼中钉。他也会命令驻在浙江、福建和广东的部队对我军进行威胁。这样的话，敌强我弱，对我军十分不利。当务之急，我们必须迅速撤离南昌。"

周恩来思考片刻说道："这样看来，部队还是要到广东去！听说广东的工农运动进行得十分不错啊。暴动前中央给我们的指示要我们联合张发奎回广东，在广东建立革命根据地。但后来我们发现张发奎已经被汪精卫拉拢，敌视我们，党中央才决定离开张发奎，在南昌暴动后，单独打到广东去。我们要遵从中央的安排，所以我赞成部队尽快撤离南昌到广东去。"

最后，大家一致决定起义军和革命委员会迅速撤离南昌，进取广东，重建革命根据地，补充力量再次北伐。

其实部队决定南征还有一个重要的考虑，那就是夺得出海口，获取共产国际的援助。广东省经济发达，财政丰裕，又靠近大海，有许多出海口，交通便利，起义军可以通过占领这些出海口获得苏联的海上援助。

那么，除了上述原因使周恩来等人决定率领部队南下广东，还有其他原因吗？

事实上，当时起义部队南下的决定还跟当时革命经验不足有关系，单纯照搬苏联的经验，希望通过攻打像广州这样的大城市来获得胜利，这一点周恩来本人也曾深刻反思。1961年9月18日，周恩来在庐山开完会后，来到南昌八一起义纪念馆参观。当参观到起义部队开始南征时，他走到一座沙盘前，第一次谈到自己。周恩来把手向沙盘东部一指说："南昌起义后，要是不向南，而是向东就地发展就好了。这也是没有经验，只晓得生搬硬套苏联的经验，国际指示要建立根据地，而我们就只想建立城市根据地，搞大城市起义，没有认识到要搞农村起义。"

正因为上述因素，起义军决定南征广东。虽然起义军在南下途中最终遭到军事失利，但南昌起义军的血脉得到了延续。1928年4月，经过艰难的转战，朱德率领南昌起义余部和毛泽东领导的秋收起义部队在井冈山胜利会师，为创建和发展井冈山革命根据地作出了重要的贡献。

星星之火
南昌起义为什么了不起？

八一南昌起义纪念塔

南昌市八一广场的中心位置，坐落着一座高45.5米的八一南昌起义纪念塔。该纪念塔是1977年为纪念南昌起义50周年破土兴建的，1979年1月正式落成。正北面镌刻着叶剑英元帅题写的"八一南昌起义纪念塔"，塔顶有红旗迎风飘扬的雕塑。纪念塔高于周边建筑，气势雄伟，给人以庄严、肃穆的感觉。

我们把时间回拨到1927年，当时白色恐怖笼罩大江南北。在那个风云变幻的历史关口，一项划时代的历史使命赋予了南昌——武装反抗国民党反动派，举行南昌起义。南昌起义的胜利，轰动了全国，极大地鼓舞了中国共产党人。起义胜利后，起义部队按照原定计划向广东进发。不幸的是，南下至潮汕地区遭遇了军事失败，起义部队伤亡惨重，部队人数锐减。但是，经历了生死考验的南昌起义余部在朱德的率领下最终到达了井冈山，与毛泽东领导的秋收起义部队胜利会师。

南昌起义具有伟大的意义。

首先，南昌起义打响了武装反抗国民党反动派的第一枪。这也正如周恩来指出的"八一功在第一枪"。

1927年春夏之际，在相继背叛革命的蒋介石、汪精卫集团"宁可枉杀千人，不可使一人漏网"的血腥屠杀政策下，中国共产党遭遇自成立以来的第一次重大挫折。在国民党反动派要将革命者斩尽杀绝的生死存亡关头，"中国共产党和中国人民并没有被吓倒，被征服，被杀绝。他们从地下爬起来，揩干净身上的血迹，掩埋好同伴的尸首，他们又继续战斗了"。

铁镣叮当、枪声凄厉，绝境中孕育着伟大决策，群英荟萃的起义部队集结南昌，蓄势待发。8月1日凌晨2点，"砰！砰！砰！"象征起义标志的三声枪响响彻南昌城，起义各部迅速按照原定计划进入战斗状态。最初的这三声枪响不仅打响了南昌起义的战斗，同时也开启了中国历史的新篇章，开辟

八一小博士

人民军队

南昌起义胜利后，起义部队进行了整编，下辖3个军，任命贺龙为代总指挥，叶挺为代前敌总指挥，刘伯承任军事参谋团参谋长。整编后的军队虽然仍沿用国民革命军第二方面军的番号，但已经不再是国民党所属的旧式军队。这是一支经历了战争的洗礼，与旧军队有着本质区别的人民军队。

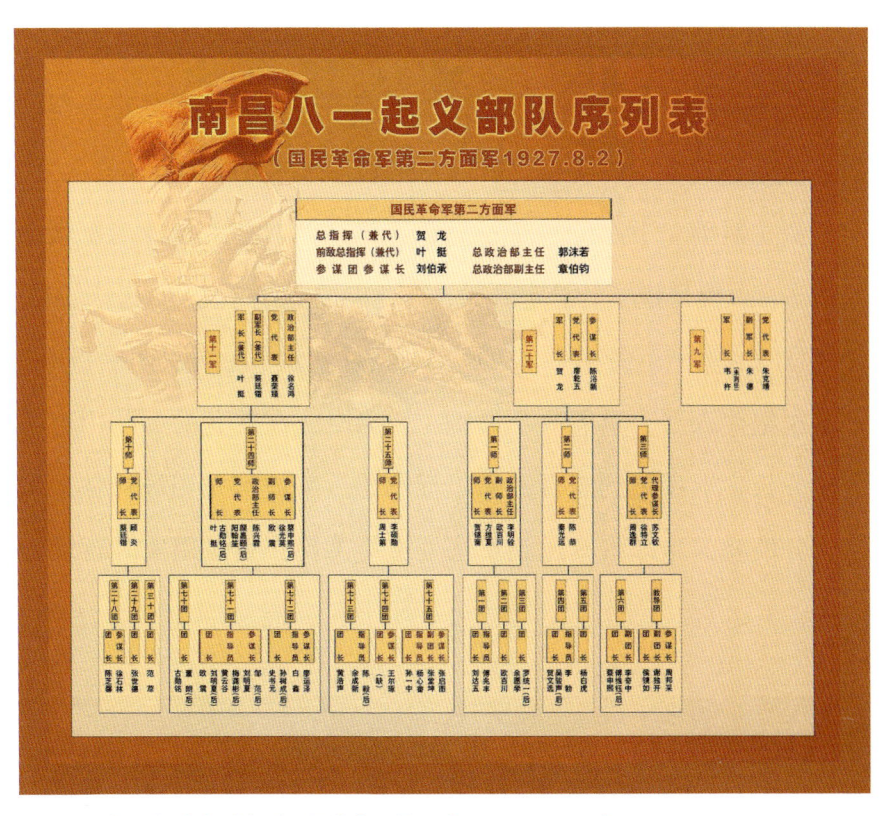

南昌八一起义部队序列表（国民革命军第二方面军1927.8.2）

了武装夺取政权的新道路，是名副其实的"第一枪"。

对于这震惊中外的第一枪，习近平总书记强调，南昌城头的枪声，像划破夜空的一道闪电，使中国人民在黑暗中看到了革命的希望，在逆境中看到了奋起的力量。

其次，南昌起义创建了一支由中国共产党独立领导的新型人民军队。大革命失败的惨痛教训，使得年轻的中国共产党深刻地认识到：不掌握一支人民军队，不开展武装斗争，就没有共产党的地位，就没有人民的地位，就没有革命的胜利。

这支人民军队军纪严明。军队的纲领和布告就是部队的行动指南,南昌起义部队的布告清楚地规定了官兵要接受党纪军纪的约束。如1927年8月《兼代第二方面军总指挥贺龙告全体官兵书》中,贺龙明确立下军纪5条,最后还强调:"本总指挥治军素来不喜多言,但是说了,必定要做,彼此同受党纪军纪约束。"1927年9月的《国民革命军第二方面军总指挥贺示》中再次明确指出:"本军纪律森严,重惩决不姑徇。"当时,在贺龙的部队中有一个司务长,半夜跑到老百姓家里捉鸡,后来被贺龙当场抓住,贺龙十分愤怒,当即将其送到军法处进行惩罚。贺龙用实际行动告

1927年9月《国民革命军第二方面军总指挥贺示》

诫全体官兵，违反纪律的人必将受到严惩。

这支人民军队爱护人民。1927年8月18日，南下行军途中，贺龙召集全军开会，简短总结了十多天的行军情况，然后严厉地说："老百姓有反映，很多士兵到池塘里洗澡、摸鱼，这是很不好的！""还有的官兵，自己不愿扛枪，就抓夫，让别人挑枪！"一些士兵听了很不安。贺龙环顾四周接着说："从现在起，不准下老百姓的池塘洗澡、摸鱼，不准抓挑夫，行军锅一律自己背。我们是革命的军队，不能像国民党反革命军队那样，不替老百姓着想。同时，要打扫宿营地。烧水、煮饭一律在屋子外面，这有点麻烦，要革命，就不要怕麻烦。大家能够做得到吗？"大家感觉说得十分在理，纷纷点头认可，人民军队爱护人民的思想从南昌起义队伍开始就得到不断发扬。

这支人民军队官兵平等。南昌起义的很多重要领导人都是践行官兵平等思想的楷模。例如，当时身为第九军副军长的朱德恪守官兵平等制度，时时处处严格要求自己，对待战士态度和蔼，没有等级之分。他过着同士兵一样简朴的生活，和士兵一样吃大锅饭，一样穿灰色粗布军装。行军时，他有马不骑，和士兵一样肩上扛着步枪，背着背包，有时还搀扶着伤病员。他的一言一行，深深地感染着大家。

最后，南昌起义标志着中国共产党独立领导革命战争、创建人民军队、武装夺取政权的开始，同时孕育形成了一种伟大的革命精神。历史事件、历史人物已经离我们远去，历史的车轮永不停息。道路指明方向、精神照耀千秋，中国共产党和人民军队将克服一个个困难，勇往直前。

因为南昌起义，中国人民解放军建军节定在了每年的8月1日。

因为南昌起义，"八一"在军旗、军徽上闪光。

因为南昌起义，南昌被称为"英雄城"。

因为南昌起义，"八一"成为一个特殊的符号，铭刻在所有人的记忆里。

第二部分

热血铸就军旗红

——致敬南昌起义

南昌起义是中国革命史上一座不朽的丰碑，这座丰碑是无数先烈用意志和激情铸造的；南昌起义是中华民族史册上的光辉一页，这光辉是无数先烈用智慧和鲜血书写的。尽管战场硝烟散去，炮声不闻，但是热血铸就军旗红的英雄壮举值得我们一代代传颂，并定格在我们每个中华儿女的心里。

　　在这场血与火的战争中凝炼出许许多多流传至今的感人故事，让我们深深缅怀当年起义先烈们的光辉事迹，感受他们在峥嵘岁月里的拳拳爱国情，并永远铭记南昌起义这段光辉的历史。如今我们生活在实现中华民族伟大复兴的新时代，少年智则国家智，少年强则国家强，让我们学习先烈们的革命精神，向少年时期的周恩来一样，树立"为中华之崛起而读书"的宏伟志向，以自己的实际行动致敬南昌起义，致敬我们的祖国。

出奇制胜

朱德施计擒敌首

朱德的手枪

在南昌八一起义纪念馆的文物展柜内，有一把德国制造的 M1896 式短管警用型毛瑟手枪（俗称"驳壳枪"），枪号为 592032。这种警用型手枪的枪管只有 97 毫米，非常便于携带。在枪柄上刻有"南昌暴动纪念朱德自用"的字迹。除了佩带着这把手枪带兵打仗，朱德在南昌起义过程中还有出奇制胜的美谈。让我们通过下面的故事来了解一下。

在南昌起义前夕，朱德向第三军军官教育团的学员进行起义前的传达和动员，根据前敌委员会的决定，部署了军官教育团学员的起义行动方案。同时，在这千钧一发的时刻，朱德还要按照前敌委员会的部署去完成一项特殊的任务——在起义战斗打响前，设法牵制敌军两个主力团的团长和副团长。

为什么选中朱德执行这项特殊任务呢？

朱德的手枪

这不得不提一个人物,他就是当时的江西省政府主席朱培德。朱德与朱培德等滇军高级军官都出自云南陆军讲武堂。作为校友,两人除了同窗之谊,更有兄弟般的"袍泽之情"。在讲武堂念书的时候,经常身处残酷的训练之中,朱德与朱培德两人相互勉励、相互照顾、共同提高,因品学兼优、表现突出,被冠以"模范二朱"之名。正是这份情谊,使得朱德深得朱培德的信任。

1927年年初,朱德遵照党的指示来到南昌开展工作。在朱培德的委托下,朱德创办了国民革命军第三军军官教育团,并担任团长,与学员们同生活共训练,后又兼任南昌公安局局长。在任职期间他广泛发展人脉,经常与朱培德手下的军官联络感情。而作为朱培德手下的兵,这些军官也深知与朱德联络好感情可能会给自己带来"好处"。

起义战斗打响前夕——7月31日下午，朱德派人去请朱培德的第三军二十三团团长卢泽明、二十四团团长肖曰文和两个副团长晚上到嘉宾楼吃饭。几位团长对朱德的盛情相邀自然是却之不恭。

7月31日晚，华灯初上，朱德及"客人们"陆续赶到了嘉宾楼。大家在朱德预订的包房内落座后，朱德立即吩咐上菜开宴。朱德主动举杯敬酒，说道："玉阶（朱德的字）来南昌的这段日子，承蒙各位关照，在此一并表示感谢！"朱德的话音刚落，团长卢泽明就抢先接话道："您太客气了，您与我们军长在云南时候的声名我们是早有耳闻的。以您与我们军长之间的交情，有什么事情能帮得到的，您尽管吩咐，以后还要请您多关照，在我们军长面前多多美言几句！"这时，其他几位团长也连忙随声附和着。在融洽的氛围中，大家猜拳行令，推杯换盏，包房内十分热闹。待到"客人们"酒足饭饱，时间已经不知不觉地过去了两个多小时。

八一小博士

嘉宾楼

嘉宾楼原址位于今南昌市的后墙路，它由商人陆某和军阀督军陆光远的三姨太叶凤英合资创办，于1919年开始营业。在20世纪20年代的南昌城内算得上辉煌一时的餐饮老店，是当时的商人、政客们设宴聚餐的首选之地。朱德将吃饭的地点定在嘉宾楼，足以显示出他对这两位团长及其两位副团长的"刮目相看"和满满的"诚意"。

1927年7月31日晚，朱德以请客为名，在大士院32号牵制了敌第三军二十三团、二十四团的团长和副团长，有力地配合了起义战斗。图为大士院32号

然而，此时距离约定的起义时间还早，为了长时间牵制住这几个团长和副团长，睿智的朱德又提出要安排大家饭后娱乐一下。朱德说道："难得几位团长聚到一起，时间尚早，不如我们到大士院32号打麻将消遣一下。""客人们"欣然同意。

朱德将打麻将的地点定在大士院也是有原因的：大士院在南昌城西，而朱培德的这两个核心团的驻地在南昌城东，相隔较远。这样便可以拖住这4个人，使敌军团长完全脱离自己的部队，为起义军主力部队减轻战斗压力。

到达大士院32号后，朱德热情地安排"客人们"去打麻将，敌团长们纷纷入局，牌桌上的敌团长们打得不亦乐乎。为了使敌团长们放松警惕，朱德还亲自陪他们打麻将。朱德的警卫员按照朱德的吩咐，趁敌团长们聚精会神地打麻将时，给了敌团长们的卫士一些钱，并说道："兄弟，这里周边街上有好吃、好玩的，平日里都那么辛苦，你们也去转转犒劳一下自己，这里有我站岗就够了。"敌团长的卫士离开后，朱德的警卫员还趁机将敌团长们的枪支藏了起来。

朱德还特意交代自己的卫兵，要阻止一切来访人员，禁止一切外来客人进入大士院32号内。如果有人来找卢、肖两位团长，就说他们已经回去了。

朱德的计谋在紧锣密鼓地秘密进行着，而这一切，身在"局中"的敌团长们竟然丝毫没有察觉。

子夜时分，大士院的麻将馆内依然人声鼎沸，烟雾缭绕。几位正在兴头上的敌团长对南昌城内风云暗涌的紧张形势浑然不觉。

起义时刻就要到来之时，机智的朱德借故离席，佩带好手枪，做好起义前的最后准备。

突然一声枪响，划破了南昌夜空，起义军发动了进攻。牌桌前的敌团长们此时还不知所以，待到南昌城内枪声大作，几名敌团长才幡然醒悟，惊恐万分地四下寻找自己的武器，但为时已晚。敌军这两个颇具战斗力的主力团，由于团长不在，犹如一盘散沙，毫无战斗力，很快就被起义军攻下。

团长拜会

侯镜如刺探敌情

知己知彼，百战不殆

"知己知彼，百战不殆"，这一名言的大意是，如果对敌我双方的情况都能了解透彻，打起仗来就可立于不败之地，泛指对双方情况都很了解，根本就不用担心会失败。这一思想在古今战事中多有运用。在南昌起义的战斗过程中，同样不乏运用这种战术取得胜利的典范。下面让我们一起探究团长侯镜如决策制胜的故事。

1927年7月下旬，侯镜如随贺龙的第二十军来到了南昌，侯镜如所在的教导团驻扎在了南昌城东面的新营房内。教导团每天照例进行"三操两讲"和日常训练，只是多了一项夜间紧急集合的演习，这使得战士们心头不由得生出来一个问号。

7月30日下午，军部发来紧急通知：下午两点钟，团长以上的军官到军部开重要会议。

侯镜如一边心里寻思着大概是要有什么新的行动，一边连忙动身到军部去。他赶到军部时，大部分的团长和师长都已经到了，贺龙军长摇着大蒲扇在和大家闲谈着，不时发出一阵笑声。下午两点整，会议准时开始。

贺龙军长收起笑容，严肃地说道："今天召集大家来，是要告诉大家，我们今天要重新树立起革命的旗帜，反对反动政府，打倒蒋介石。"

听到这里，侯镜如和大家一样，心里的疑惑终于解开了，原来是在酝酿着这一如此巨大的行动啊！知道这个消息的侯镜如竟然兴奋得心怦怦直跳。侯镜如和其他参会的团级以上干部纷纷表示："军长决定怎么办就怎么办，我们坚决跟着走！"

贺龙微笑着点点头，说道："好，从今往后我们要听共产党的领导，绝对服从共产党的命令！现在，我们来把起义的计划研究一下。"

接下来，贺龙宣布了起义计划并分配了起义任务，大家聚精会神地听着记着。侯镜如从大局出发，主动请缨代替第六团对付驻大校场营房的敌第七十九团。

贺龙问道："有把握吗？"

侯镜如肯定地回答："有！"

"好，就交给你们。不过你要注意，一定要用突然袭击的打法，一下子收拾掉他们。"贺龙看了看侯镜如和第六团团长傅维钰，接着说道，"第六团的任务改为警戒，你们两个团马上换防。"

当天下午，两个团换防到位，侯镜如的教导团移到了第六团原来的驻地大校场营房。教导团全团2000多人，下辖4个总队，侯镜如划分了各总队的营房区。

"知己知彼，百战不殆。"侯镜如心生一计，以换防后拜访敌团长的名义，去刺探敌情。事不宜迟，侯镜如叫上参谋长周邦采带着各总队长立即去"拜会"在大校场驻守的敌第七十九团朱团长。这个看似很平常的礼节性拜会，却是教导团整个起义战斗计划的重要部分。

朱团长是朱培德的嫡系军官，40多岁，体态胖胖的，因为留着长长的络腮胡子，所以外号叫"朱胡子"。对侯镜如这些20多岁年轻军官的到访，"朱胡子"热情招待，客气地说道："嘿，你们都这么年轻，真是英雄出在少年。"

侯镜如恭维道："我们是晚辈，哪有朱团长经验多、见识广。难得有这么个同院驻防的机会，特地来讨教讨教！"接着便问他这个团的情况，并且借口熟悉地形、增长见识，请"朱胡子"带着到营房内外去参观一下。

八一小博士

参加大校场营房战斗的侯镜如

侯镜如(1902—1994)，河南永城人，原名侯心朗。1924年11月黄埔军校第一期毕业，1925年冬，由周恩来、郭俊介绍加入中国共产党。参加了东征和北伐及上海工人第三次武装起义的组织工作等。南昌起义时，年仅25岁的侯镜如担任贺龙第二十军教导团团长，指挥所属部队参加了大校场营房战斗。

贺龙部第二十军教导团在大校场营房全歼了驻扎于此的敌第七十九团。图为大校场营房战斗旧址

这个朱团长经不住夸奖，面对侯镜如戴高帽儿，竟然飘飘然地不知如何是好，满口答应："好，好！"

经不住奉承的朱团长高高兴兴地把自己的家底如实讲给侯镜如他们听，比如有多少人，有什么重火器，各个营驻地是怎么配置的……介绍得既具体又详细，甚至连每个战士有多少子弹都讲了出来。侯镜如听在耳里，笑在心里，心想：等我们的枪声一响，你就该对你这种过分的热情后悔了。

侯镜如又奉承道："部队训练如此有素，装备如此精良，朱团长实在是带兵有方啊，晚辈佩服至极。"听好话听在兴头上的朱团长意犹未尽地带着侯镜如等人在营房内外参观了一圈，参观的过程中侯镜如仔细地观察着驻地的一切事物，默默地记在心里。通过这一转，敌营的地形再清楚不过了：敌营房是一幢很大的青砖瓦房，敌全团都驻在里面，房子被一圈一人多高的矮墙围着，矮墙外是一道一人多深的干沟。

当走到围墙边时，看到墙上有几处倒塌，侯镜如心里一动，忙装着关心地问："朱团长，这些地方豁着，会不会跑兵？"

"朱胡子"满不在乎地捋着胡子说："不要紧，晚上有警戒。"

侯镜如连忙点头，还装作无心地告诉三总队队长冷相佑："看见没有，这里放警戒了。"

这一"拜会"不知不觉地就过去了一个多小时，侯镜如辞谢了"朱胡子"，走出敌营大门的时候，头脑中一个具体的战斗方案已经拟好。

7月31日晚上9点多钟，侯镜如召集教导队大队长以上的干部开会，宣布了起义命令。一听说要起义，同志们个个眉飞色舞、精神抖擞。几个总队长也恍然大悟，终于明白了"拜会"敌营的意义。接着，侯镜如根据敌营地形和警戒情况对四个总队具体的战斗计划进行了部署。部署完毕后，又交代了起义时间、标志和注意事项等。与会者都聚精会神地听着，目光坚定，等待着起义时刻的到来。晚上12点过了，8月的第一天开始了。突然，南昌城安静的夜空被激烈的枪声划破，侯镜如向各总队下达进攻的命令。一时，枪声、手榴弹的爆炸声在敌营房响作一团，敌人非死即降，有的敌人来不及穿好衣服就被俘虏了，经过一个小时的激战，战斗顺利结束，敌第七十九团全部被消灭。

侯镜如"拜访"敌团长刺探敌情，保证了作战计划的周详和准确，整个战斗速战速决，缴获了大量武器装备。侯镜如团长智勇双全、知己知彼的故事为战士们所津津乐道。

"上阵父子兵"
姜氏父子齐上阵

打虎亲兄弟，上阵父子兵

中国有一句古话："打虎还得亲兄弟，上阵须教父子兵。"这句话流传已久，意思是打虎时亲兄弟齐心协力，上阵打仗时，只有父子同时上阵才能打胜仗。

从古至今，"打虎亲兄弟，上阵父子兵"的感人故事不在少数，南昌起义的队伍中也有这样的"父子兵"。大家想知道他们是谁吗？

姜济寰，1879年出生在长沙东乡朗梨镇，南昌起义前担任江西省政府建设厅兼民政厅厅长。1927年六七月间，国民党江西省政府主席朱培德离开南昌期间，姜济寰兼代理主席。他作风清廉，同情中国共产党的遭遇，是一个国民党左派人士。

姜治方，姜济寰之子，1925年至1926年在广州政治讲习班学习，1927年春在长沙加入中国共产主义青年团。1927年的6月，

1927年7月下旬，在徐特立、林伯渠等人争取下，江西省政府代理主席姜济寰及其子姜治方都参加了南昌起义。图为姜济寰父子照

姜治方持介绍信回到南昌，江西党组织负责人叮嘱他："你千万不要暴露身份，也不要找党，'大少爷'的牌子可以做很多事情。"就这样，姜治方牢记着党组织的嘱托，回到了自己父亲姜济寰身边工作。

起义前，姜治方按照党组织的部署，利用其父的地位尽力保护共产党员的安全。

1927年7月28日，姜济寰的故交林伯渠、徐特立等人先后来拜访他，出面动员姜济寰参加起义。徐特立与姜济寰推心置腹，徐特立郑重地说："蒋介石、汪精卫等人已经背叛了孙中山先生的'三大政策'，他们的大肆屠杀是不得人心的，终将失败，我们要保持自辛亥革命以来与时俱进的革命精神，不能倒退啊。只有坚定不移地跟中国共产党走，才能救国家民族于水火之中。"此时，年近半百的姜济寰决定抛弃高官厚禄加入到起义队伍中来，坚决站到人民这边。从此父子二人齐心协力，为起义的胜利添砖加瓦。

1927年7月30日傍晚，朱培德的秘书长徐虚舟匆匆忙忙赶到姜济寰家里，声称有机密的消息要报告代主席，并有意要避开姜治方。但姜济寰说："有什么事就请秘书长说吧。"徐虚舟才轻声地说："根据可靠情报，共产党这一两天就要搞武装暴动。请代主席立即离开南昌为好。"姜济寰说："谢谢你，我考虑考虑吧。"徐虚舟走后，姜治方问父亲姜济寰打算怎么办，姜济寰毫不迟疑地说："坚决跟共产党走，同你们共患难！"在南昌起义的前前后后他们父子始终没有离开南昌城半步，用实际行动支援起义，坚定地站在起义军一边。而姜济寰对前来的说客采取敷衍拖延的态度，意在麻痹敌人。

　　1927年8月1日，南昌起义打响。姜济寰以江西省代理主席

历史小百科

集邮家——姜治方

　　除参加南昌起义外，姜治方还是我国著名的集邮家。1907年出生于湖南长沙，1917年就开始集邮。此后六十年锲而不舍，致力于收集、研究中国邮票和集邮文献，一生与邮票结下了不解之缘，藏品丰富。不论是在戎马倥偬的行军途中还是留学生活的恬静岁月，不论是第二次世界大战期间辗转欧陆还是中华人民共和国成立后投入人民怀抱的时刻，珍贵的邮册始终相伴左右。后将其藏品捐献给国家，一部分藏品捐给国家博物馆，一部分现存中国邮政邮票博物馆，为我国集邮事业作出了巨大贡献。

的身份参加起义，进一步改变了南昌城内敌我双方对比的势态，致使国民党江西省政府首脑机关群龙无首、无力防备，为南昌起义的胜利及稳定南昌市民生活秩序起到了重要作用。

起义成功后，姜济寰参加了新政权的组建工作，出任江西省政府代理主席。他深感需要向民众告知起义的缘由和目的，以获得民众的理解和支持，所以，于8月3日，以江西省政府代理主席身份写下了《江西省政府布告》："改造始自江西，原以攘除党贼；实行三民主义，遵行三大政策；武汉之与南京，背叛已同一辙；仗我中央委员，以及革命贤哲；并得二方面军，将士同心同德；毅然决然改图，守我总理遗则；赣省首承其麻，人民欣有喜色；凡属商学农工，务求各有安宅；中央代发江钞，毋得拒收短拆；物价必求其平，以期军民相得；其他一切事宜，政府概当

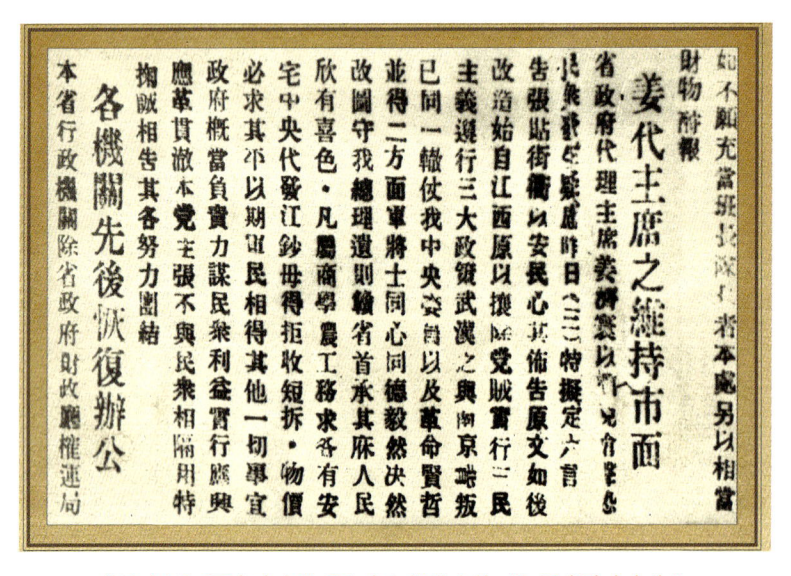

姜济寰以江西省政府代理主席身份发出的《江西省政府布告》

负责；力谋民众利益，实行应兴应革；贯澈（彻）本党主张，不与民众相隔；用特掬诚相告，其各努力团结。"

布告用词简洁但内容丰富，宣传了中国共产党的政治主张，鲜明地反映了姜济寰当时的基本立场，要求人民遵守革命委员会的新政策。

值得一提的是，这份布告启用了新的"江西省政府"的木质印信。

什么是印信呢？印信就是政府机关的各种印章、公私印章的总称。姜济寰是清末秀才出身，又曾做过历史和国文教师及长沙师范学校校长，文笔极佳。他奋笔疾书，《江西省政府布告》一气呵成，朗朗上口。但当要交付报馆印刷时才发现，原在省政府掌管印信的人员已不知去向。然而时间不等人，《江西省政府布告》必须尽快发布，以安民心。当时在省政府掌管财政金库、负责为起义部队提供资金和财政支持的姜治方，看到父亲撰写好的《江西省政府布告》没有印信可盖，灵机一动，果断拿着印信的样式到街头找刻章高手刻制了一方木质的印信。就这样，盖有"江西省代主席姜济寰印"的《江西省政府布告》稿件得以及时交印。

8月3日一早，南昌市民便在《江西工商报》上看到了这份非同寻常的《江西省政府布告》。《江西省政府布告》发布后，店铺照常开张营业，人民群众的生活没有受到大的影响，起义军民还召开了庆祝大会。这是南昌起义的一道独特风景线，风景线后有姜济寰父子的功劳。

8月5日,姜氏父子率江西省政府随革命委员会各机关一同撤出南昌,随军南下。南征途中,每到一县,姜济寰就以江西省国民政府代主席的名义任命县长,然后筹粮筹款,一直到走出江西地界。由姜济寰任代理主席的江西省政府,无论是为维持南昌市的社会秩序,还是为保障南下部队的军需供应,都发挥了积极的作用……

一人难挑千斤担,众人能移万座山;兄弟协力山成玉,父子同心土变金。因为无数仁人志士的共同努力,中国共产党的历史从南昌城出发,书写着崭新的一页。让我们铭记那些敢为天下先的革命英雄,也铭记这样一对有着浓浓家国情怀的"父子兵"。

舍生取义
陈守礼血洒贡院

舍生取义

孟子曰:"生,亦我所欲也;义,亦我所欲也。二者不可得兼,舍生而取义者也。"这句话的意思是说:生命,是我所喜欢的;正义,也是我所喜欢的。这两样如果不能同时得到,我宁愿舍去生命而去求得正义。舍生取义便是出自这里。

让我们通过下面的故事来了解当年起义军将士为了追求真理和正义,不惜牺牲生命的英勇革命事迹。

1927年7月31日夜晚,满天繁星,整个南昌城沉寂在闷热的天气中。此时,起义军将士们正在紧张而有序地进行着战前准备工作。位于百花洲畔心远中学的第二十四师叶挺指挥部内分外繁忙,弥漫着战斗前的紧张气息。

傍晚时刻,周恩来来到了叶挺指挥部,与战士们亲切交谈,鼓舞士气。叶挺语气坚定、信心十足地鼓励大家说:"这是和反

南昌八一起义纪念馆馆藏文物：独立团战士戴过的斗笠

革命搏斗，打起来以后，要英勇不怕牺牲。用我们猛打、猛攻、猛追的传统打法进行攻击，打掉敌人的锐气，打出我们铁军的气势来。"叶挺的鼓舞坚定了将士们战斗的信念，他们各个精神饱满，迫不及待地等待着起义时刻的来临，期待着在战场上奋勇杀敌。

凌晨2点，战斗打响。

在起义中，叶挺指挥的第二十四师冒着敌人的枪林弹雨，所向披靡，不仅又一次显示出了铁军的威力，而且涌现出了很多视死如归、可歌可泣的革命英雄，如在贡院战斗中不怕牺牲、舍身克顽敌的陈守礼等人。

陈守礼是何许人也？陈守礼，中国共产党员，北伐战争时期，任国民革命军第十一军二十四师教导队队长，南昌起义时，任国民革命军第二十四师七十二团教导队中队长，参加了所属部队攻打贡院的战斗。

贡院坐落在南昌市的东湖之滨，原是清代科举考场，在清朝末年废除了科举考试制度之后改为兵营，敌军第三军八师二十三团在此驻扎，这是敌军的一个主力团。贡院的战斗打响后，周恩

叶挺部第七十二团在贡院全歼了驻守于此的敌第三军八师二十三团。图为贡院战斗旧址

来和叶挺来到战斗激烈的贡院指挥战斗。奉命攻打贡院之敌的是叶挺部第七十二团。第七十二团兵分两路,有进攻有防守,各司其职。第七十二团二营营长李鸣珂率部向驻守贡院大门的敌军发起猛烈攻击,由于敌团长已经被朱德施计"请走",所以没有团长指挥战斗的敌人,群龙无首、乱作一团,慌乱中沿着东湖边向北面节节败退。

敌军撤退不远,遭到了埋伏在水观音亭附近的起义军的机枪火力的猛烈堵截。敌军被机枪火力截住之后,慌不择路地折向东面,向叶挺部第七十二团团部方向发起了进攻。敌军为了夺路逃生,攻势异常凶猛,而此时驻守在团部的只有陈守礼和几个年轻的学生兵。敌人以猛烈的火力向大门扫射,企图冲过去,情况十分危急,关键时刻,陈守礼沉着冷静地指挥学生兵迅速隐蔽到门口的石柱旁，并组织力量进行顽强阻击。陈守礼挺立在大门边上，子弹在他身边呼啸，他全然不顾，如铜铸般，握着枪向敌人还击。

年轻的学生兵们几乎没有什么战斗经验，敌人的疯狂进攻使得他们有点抵挡不住。危难关头，陈守礼不顾个人安危，冲到队伍最前面，一边开枪还击敌人，一边振臂高呼："顶住！不准退！压住敌人！不准退！我们一定能够打退敌人的！"学生兵被身先士卒的陈守礼不怕牺牲的精神感动，他们忘我地投入到战斗中，筑起了一道坚不可摧的防线。在猛烈的枪声、手榴弹爆炸声、喊杀声中，敌人被打得抱头鼠窜，如潮水般退了回去。陈守礼和学生兵获得了暂时喘息的机会。

然而几分钟之后，敌人又发起了一轮更为猛烈的冲锋，用机枪扫射开路。年轻的陈守礼和学生兵再度奋起反抗，在短兵相接的搏斗中，几名学生兵牺牲了，陈守礼也不幸腹部连中数弹，他捂着伤口挣扎着，倒在了血泊中。他试着站起来继续战斗，但是已经体力不支，在血泊中的他，眼睛里充满了对敌人的愤怒。他始终和大家战斗在一起，并且鼓励大家："我们铁军是打不垮、拖不烂、战无不胜的队伍，为了革命，冲啊！"贡院周边回荡着他带领学生兵冲杀的声音。

在千钧一发之际，李鸣珂率部队从左侧冲杀过来，支援陈守礼，一举击败了这股敌人。贡院内的大股敌军也在起义军的猛烈攻击下，吹起了表示投降的敬礼号，起义军夺取了贡院战斗的胜利。生命的最后一息，陈守礼关心的依旧是战斗，听到敌人投降的号

叶挺部第七十二团教导队中队长陈守礼率部英勇打退贡院敌军的疯狂反扑，身中数弹壮烈牺牲。图为国画照《陈守礼舍身克顽敌》。作者：蔡超、蔡群

历史小百科

"铁军"的由来

1925年11月,"国民革命军第四军独立团"在广东肇庆阅江楼成立,团部即设在此。以共产党员和共青团员为骨干,共产党员叶挺任团长,通称"叶挺独立团",全团2100多人,是中国共产党创建和领导的第一支正规部队。它的前身是中共广东区委军事部长周恩来参与建立的建国陆海军大元帅府铁甲车队。在北伐战争中,国民革命军第四军独立团作为北伐先遣队,率先从广东出发,首战碌田,长驱醴陵,力克平江,直入中伙铺,奇袭汀泗桥,大战贺胜桥,攻占武昌城,一路纪律严明,浴血奋战,所向披靡,立下了赫赫战功,其所在的国军革命军第四军被誉为"铁军"。

角声,他的脸上露出了微笑,永远地离开了我们……

第七十二团还乘胜占领了敌人设在佑民寺巷的修械所和弹药库。经过英勇激战,敌军的重要据点一个个被攻克,百花洲、张勋公馆、敌卫戍司令部……纷纷传来捷报。

一轮旭日冉冉升起之时,南昌城恢复了往日的平静,秩序井然、人民喜悦,英雄城南昌被旭日照耀得一片火红。陈守礼等将士们用他们宝贵的生命铸就了起义的胜利,他们不怕牺牲、舍生取义的革命精神鼓舞着每一个人。他们的血与泪让南昌起义在中国革命史上留下了浓墨重彩的一笔。

千钧一发
攻打敌总指挥部

颁布作战命令

7月31日,中共前敌委员会书记周恩来签发了由叶挺起草、以第二方面军代总指挥贺龙和前敌代总指挥叶挺名义颁布的绝密作战命令:"我军为达到解决南昌敌军的目的,决定于明(一)日四时开始向城内外所驻敌军进攻,一举而歼之!"各部队按计划全面进入临战状态……

1927年7月31日,夜。

四周寂静无声,闷热难耐的南昌街头传来一阵更夫的敲锣声。

位于西大街宏道中学的贺龙指挥部上下弥漫着一股紧张的气氛,起义军们反复擦拭着手中的"汉阳造",等待着起义的信号,等待着伟大时刻的到来!

当晚的任务是攻下敌人在南昌的最高军事指挥机关——第五方面军总指挥部,这里原是清朝的藩台衙门,与贺龙指挥部只有

> 我軍為達到解決南昌敵軍的目的,決定於明(一)日四時開始向城內外所駐敵軍進攻,一舉而殲之!
>
> 代總指揮 賀龍
> 代前敵總指揮 葉挺

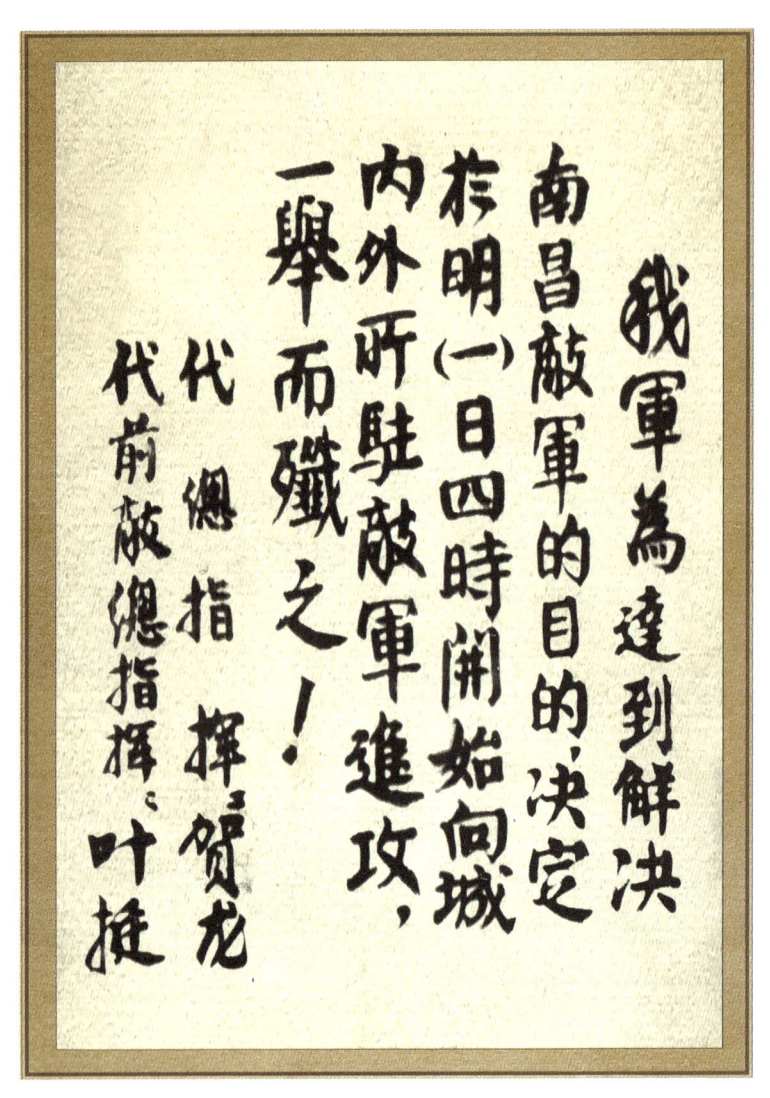

1927年7月31日下午,贺龙、叶挺共同签署的由叶挺起草的作战命令

一街之隔，相距不到 200 米，里面驻有敌人一个警备团，都是朱培德从云南起家的精锐部队，个个身强体壮，武器精良。

北伐征战归来的贺龙，虽久经沙场却丝毫不敢懈怠，他周密部署，严阵以待，30 日一大早就派人将宏道中学附近的中华旅社和旋宫饭馆包租下来，当天下午第二十军一师官兵就住了进去。

此时的敌总指挥部里灯火通明，一团慌乱。由于敌人得知了起义计划，整个警卫团正手忙脚乱地做着应对准备。他们在衙门口的影壁两侧各架起了三挺水冷式重机枪，又爬上院内的制高点——鼓楼，放满了枪支和弹药。

贺龙掏出怀表，时针即将指向凌晨 2 点，他立即命令大家做好准备。为防止敌人夺路逃跑，特务营首先出击，战士们乘着夜色，悄悄地向敌总指挥部靠近，正准备封住大门时，却迎面遇上了防守布控的敌警卫团。敌人揣着手榴弹，扛着机关枪，向起义军"嗵嗵嗵"地跑过来。

撤，已经无路可退，狭路相逢勇者胜！

"砰！砰！砰！"起义军率先扣动了扳机。随着三声枪响，敌人的胸口瞬间射出一股鲜血，闷哼一声直接倒在地上，跟在后面的一伙人见大事不妙，立马退了回去，大声喊道："不得了，不得了，共产党打进来了！"

整个院子像被扔进了手榴弹，瞬间炸开了锅，敌人纷纷拿起枪支，朝院外胡乱射去。

清脆的枪声，划破寂静的夜空，战斗打响了！起义军官兵们如同下山猛虎向敌营冲去，一时间，枪炮声隆，火光冲天，战火照亮了南昌城的半壁天空。

由于叛徒告密，敌人事先做好了准备，在通往指挥部的制高点——鼓楼上建立起机枪火力点，居高临下封锁住起义军的进攻路线，机关枪"噗噗噗"地喷射着火舌，在硝烟中织成一道火网。子弹在起义军的头顶上呼啸而过，但他们个个英勇顽强，不断地向敌人发起一次又一次进攻。

战斗一开始，刘伯承就一直待在贺龙身边，与他共同指挥战斗，并随时把战况传递给"炮兵营"的周恩来，以便他掌握全局。敌总指挥部久攻不下，贺龙、刘伯承还有周恩来都万分焦急。他们都知道，周围已有好几支敌人的部队对南昌呈包围态势，如不迅速解决敌总指挥部，消灭南昌的全部敌人，尽快结束战斗，起义军将会陷入非常危险的境地。

八一小博士

起义的作战部署

贺龙率领的国民革命军第二十军负责攻打敌第五方面军总指挥部，占领江西省政府，歼灭大营房、牛行等处敌军，警戒南浔铁路，封锁赣江水道；叶挺率领的国民革命军第十一军，负责攻打敌南昌卫戍司令部，歼灭贡院、天主堂、匡庐中学、新营房、高升巷等处敌军。朱德为团长的军官教育团学兵营，负责永和门一带的警戒。

南昌八一起义纪念馆馆内多媒体场景：攻打敌军总指挥部

一贯以沉着著称的刘伯承，此时也显得有些急躁，他在指挥部的屋子里来回踱步。

"不行！必须想办法把这个大钉子拔掉。"刘伯承心想。他停下了脚步，拿起手枪向指挥部门口走去。

贺龙见状，一边转身嘱咐身旁的参谋，要密切保持与周恩来、叶挺的联系，有情况第一时间报告，一边与刘伯承双双走出了指挥部。

可当他们刚踏上门前的青石台阶，200米外敌人的子弹就飞了过来，直打得台阶火星四溅。他俩似乎谁也没有注意这些，顶着密集的弹雨，迅速来到前沿阵地，仔细观察敌人的火力情况，指挥作战。

战斗已持续了近两个小时，陷入了僵局，现在该怎么办？

站在指挥台上的刘伯承拉了拉贺龙的衣袖，朝鼓楼顶上指去。贺龙定睛一看，立即会意，他当即指挥部队改变战术，采取正面压制、两翼迂回的打法，向敌人展开新的、更加猛烈的进攻。

只见第一师师长贺锦斋带领起义军战士在当地居民的支援下，利用梯子爬上鼓楼两侧的房顶，从屋顶压制敌人的火力。经过持续的激战，鼓楼终于被夺下，打开了进攻敌总指挥部的通道，鼓楼成为起义军的火力制高点。苟延残喘的敌人利用高耸而坚固的房屋作为工事，在指挥部的端表楼上架设起水冷式重机枪继续负隅顽抗。冒着敌人疯狂的火力，起义军一方面从正面发起一轮又一轮冲锋，另一方面从西面棕帽巷迂回到敌军指挥部侧翼，出其不意翻墙跳进院内，敌军被前后夹击再也支撑不住。

"冲啊！"一声巨吼，起义军从四面八方发起了冲锋，敌总指挥部的大门被打开，起义军战士像洪水般冲了进去，与敌人展开了白刃战。格斗中，起义军发现了暴露计划的叛徒赵福生，立马将他揪到军部，让他受到了应有的惩罚。

经过三个多小时的激战，敌警备团全部缴械投降，起义军占领了敌总指挥部，南昌城也迎来了新一天的曙光！攻打敌总指挥部是南昌起义最为激烈的一场战斗，为南昌起义的胜利起到了决定性的作用！

欢呼胜利
"红带兵"的由来

《八一起义歌》

"八一大天亮,百姓早起床,昨夜晚机关枪,其格格其格格响啊,它是为哪桩?原来是共产党武装起义,原来是红带兵解决国民党,啊嘻哈!嘻哈!嘻哈!我快活笑嘻哈!"这首充满江西风情的民谣生动地讲述了南昌起义的过程和民众欢庆胜利的场景,至今仍在英雄城南昌流传。歌谣中老百姓亲切地把起义军称作"红带兵",究竟是怎么一回事呢?

一般来说,每一支军队都有自己独特的标识,这些标识包括军服、军徽、军旗及武器装备等,主要是为了在战场上分辨敌我及日常正规化管理。例如,东汉末年由张角发起的农民起义,为与政府军区分开来,每个农民头上都裹有一条黄巾,后来这支起义军就被称为"黄巾军"。那么,1927年8月1日的南昌起义中,"红带兵"是否也与"黄巾军"一样,有部队独特的标识呢?

八一起义歌

南昌民谣

七月三十一，　　夜半闹嚷嚷，　　手榴弹、机关枪
八一大天亮，　　百姓早起床，　　昨夜晚　机关枪

其格格其格格响　啊，响到大天亮；　莫不是　国民党
其格格其格格响　啊，它是为哪桩？　原来是　共产党

又在兵　变？　　莫不是　伤兵老爷又在闹　城？　啊
武装起　义，　　原来是　红带兵　解决国民党，　啊

噢　　嚯！　　噢　嚯！噢　嚯！我越到就害怕。
嘻　　哈！　　嘻　哈！嘻　哈！我快活笑嘻哈！

《八一起义歌》引自《中国工农红军曲选》，解放军歌曲选集编辑部，1954年版

南昌八一起义纪念馆馆藏文物：红领带、白毛巾、马灯、军服系红领带等

要想解答这一问题，得先从南昌起义所掌握和影响的兵力概况说起。1927年参加南昌起义的部队主要有贺龙率领的国民革命军第二十军、叶挺率领的第十一军二十四师以及朱德率领的第三军军官教育团部分学生，再加上准备动员参加起义的蔡廷锴第十师和起义后从九江马回岭赶到南昌的第四军二十五师，共2万余人。当时这些军队大部分名义上还属于国民革命军，因此兵戎相见时，起义军与敌军一样，都是穿着国民革命军的军服。如何保证夜间作战的时候能准确辨认敌我，避免伤及友军，佩戴醒目又秘密的标识就显得格外重要。

前委经过反复商议后决定：起义军不管是指挥官还是战士，胸前须系上红领带，左胳膊扎白毛巾，手电筒和马灯的玻璃罩上

一統山河

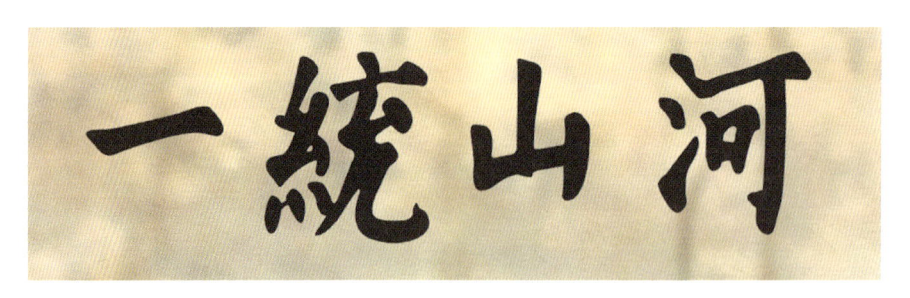

<small>该标语由南昌八一起义纪念馆根据起义参加者们回忆录中提到的战斗口令复制而来</small>

贴红"十"字作为标识。选择这样的标识主要有两方面的考虑：第一，红白两色在夜间非常醒目，能辨清敌我；第二，标识易于携带，便于隐藏，佩戴起来也特别方便。

起义当晚，全城戒严，整装待发的战士们都系上了红领带，扎起了白毛巾，把贴有红"十"字的手电筒和马灯放在身边，心中默念着战斗口令——"河山统一"。他们有的驻扎在敌人营房隔壁，在墙角边佯装躺下；有的已悄悄占领了敌军附近的房屋和街道；还有一些战士就地筑起了临时工事，急切地等待着三声枪响的行动信号。

"砰！砰！砰！"1927年8月1日凌晨，枪声在南昌城骤然打响，南昌起义爆发了！"红带兵"们像神兵天将般出现在大街小巷，向国民党反动派展开了猛烈的进攻！战斗一直从子夜激战到拂晓，起义军们奋勇歼敌，终于占领了南昌城。

八一南昌起义的胜利，扫除了笼罩着南昌的阴霾，振奋人心的喜讯，像春风一样吹遍了全城。南昌城内阳光灿烂，红旗飘扬，处处张灯结彩，民众欢腾。系着红领带的起义军战士，个个豪情

油画《欢庆胜利》是黎冰鸿先生 1977 年为庆祝建军 50 周年所作，描绘了起义的主要领导人周恩来、贺龙、叶挺、朱德、刘伯承等在江西大旅社门前，与起义军和民众一起欢呼胜利的场景

满怀、英姿飒爽地在大街上列队巡逻。人们纷纷走上街头，向英勇的起义军们致敬。

8月3日至5日，起义军冒着酷暑，分批撤离南昌，踏上了南下广东的漫漫征途。战士们一路上高喊革命口号，迈着坚定执着的步伐，奔向新的战场。

南昌起义之后，中国共产党又领导了数百次武装起义：9月9日，湘赣边界秋收起义爆发；12月11日，广州起义打响……起义地点虽天南地北，但战士们胸前都依然飘扬着鲜艳如血的红领带，如星星之火般燃遍全国！

90多年过去了，展柜中的"红领带"虽已不再鲜艳，但这一抹鲜红却早已深入人心。它是南昌起义军的形象代称，是革命年代的永恒印记，擦亮着属于英雄城南昌的红色记忆。

民众支前

一万银元寄深情

武装起来，到军队中去

南昌起义胜利后，各界群众以高昂的革命热情，掀起劳军支前的高潮。中共江西省委号召："武装起来，到军队中去！"青年学生、工人、农民争先恐后地去起义军驻地报到。连江西大旅社的工人和理发师也自愿报名参军。缝纫工人日夜为部队赶制军服，各界群众组织起了强大的运输队伍，帮助起义军运送物资。

南昌八一起义纪念馆文物展柜中陈设着两张泛黄老旧的信笺，别看它们只是两张薄薄的信纸，却都带着"国家一级文物"的光环，是南昌八一起义纪念馆中的"镇馆之宝"。

我们仔细瞧瞧它俩的样子：红色竖行"八行笺"，顶部是代表孙中山先生革命意志的"总理遗嘱"，再往下看，便是它们的身份——"中国国民党江西省党部公用笺"，两侧还写有工整的对仗句——"革命尚未成功　同志仍须努力；严密党的组织　提

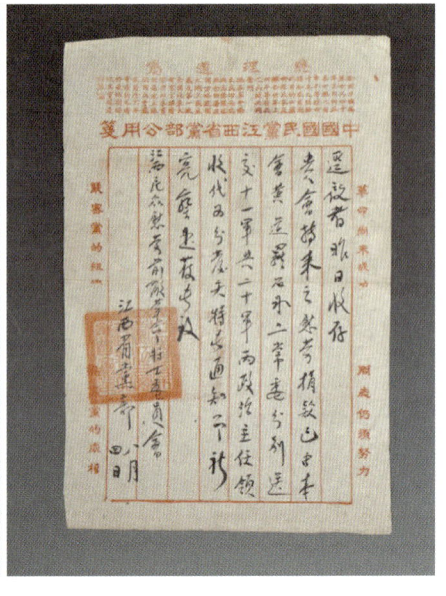

1993年，国家文物局文物鉴定小组来到南昌八一起义纪念馆，对馆藏珍贵文物进行鉴定，将江西省党部收到江西民众慰劳前敌革命将士委员会捐款的收条与回信定为国家一级文物

高党的威权"。若无南昌起义，这两张信纸顶多是上世纪20年代普通的信笺而已，可当中国共产党打响了武装反抗国民党反动派的第一枪后，它们便被赋予了"灵魂"。

1927年8月3日，南昌起义后的第二天，繁忙的江西省党部收到了一万银元的捐款！一万银元，这在当时可是一笔巨款。是谁这样慷慨捐赠，雪中送炭呢？

南昌起义前，江西省委成立了一个左派群众组织——江西民众慰劳前敌革命将士委员会，其中有位负责人叫朱大桢。数月前，这位国民党左派人士还满腔热情地带领群众前往武汉慰问从河南凯旋的国民革命军，可转瞬间，国民党反动派相继背叛革命，血

078　八一军旗红：建军的故事

腥杀害共产党员和革命群众，如此卑劣的行径让他对国民党反动派失望透顶。

大革命的失败让朱大桢愤愤不平，可他却未曾想到，仅仅一个月后，中国共产党人发起了举世瞩目的南昌起义，这让他重新看到了希望的曙光！起义当天，他便迅速发动南昌民众为起义军捐款捐物，将募集到的一万银元送到江西省党部，当时的江西省党部还是以共产党员为核心的国共合作组织。起初为起义部队代收慰问金的是国民党江西省党部执行委员会常委黄道和罗石冰。黄道和罗石冰是中共江西省委的负责人，均为共产党员。

手捧着老百姓辛苦筹集而来的捐款，黄道和罗石冰难掩心中的激动，紧紧握住朱大桢的双手连声道谢。南昌起义时，中国共产党的处境实在太困难，由于当时金融紊乱、物价飞涨，纸票已"暗中打七折或六折"，叶挺、贺龙的部队从武汉带来的国库券和从江西省银行取出的纸币都大打折扣，纸币兑换相当困难。这一万银元对于孤立少援的起义军来说，真可谓"绝渡逢舟"。

一收到捐款，黄道和罗石冰就立刻在信笺上写下收条"今收到贵会慰劳革命将士捐款壹万元正"，日期为 8 月 3 日。随即，将这笔钱分别送到叶挺第十一军与贺龙第二十军政治部主任手中。第二天，罗石冰又写了一封短信交给朱大桢，信笺上同样盖着"中国国民党江西省执行委员会"的方形公章，上书"迳启者昨日收存贵会转来之慰劳捐款，已由本会黄道罗石冰二常委分别送交十一军与二十军两政治主任领收代为分发矣"，落款为"江西省

党部 八月四日"。

这封"收条"和这封"回信",看似简单,却意义非凡。"收条"不仅是起义部队军费来源的证明,更是南昌民众对这支人民军队的深切情谊;而"回信"则说明早期的共产党员已经有了非常严格的财经纪律,体现了他们严谨细致、有始有终的工作作风。保管着"收条"与"回信"的朱大桢对这份深情厚谊铭感五内,他小心翼翼地将两封宝贵的书信珍藏了起来。

1958年,南昌八一起义纪念馆筹建,纪念馆筹备处获悉"收条"和"回信"的下落,几经辗转找到朱大桢,希望他能将这两件珍贵的文物捐献出来,让世人见证那段难忘的历史。起初朱大桢并不同意,一直以来,他将"收条"和"回信"视若珍宝。"保留它们,说明我的确把人民的钱交给了起义部队,没有中饱私囊。"朱大桢看着书信激动地说道。之后,经纪念馆同志多次拜访说明情由,朱大桢终于同意将珍藏了多年的原件捐赠给纪念馆。

"收条"与"回信",恰似历史无声的证言,向世人诉说着一段民拥军、军爱民的眷眷深情……

惊心动魄
陈居玺惊险传密函

一封绝密信函

南昌八一起义纪念馆里珍藏着一封绝密信函的复制件——《周恩来给中共中央的信——向潮汕进军的问题》。这封信笺为一张16开纸，内容用黑色钢笔书写，信尾附有"周恩来"的署名。原信未加日期，后根据信中内容，推测该信的书写时间约为1927年9月中上旬。

90多年前的南昌起义，不仅是一大批革命军人的伟大壮举，同时也与许多胸怀革命信仰的知识分子密不可分。陈居玺就是其中具有代表性的一位。

南昌起义爆发后，部队转战南下，到达汀州，周恩来决定给中共中央送一封信，汇报战斗情况及进一步的作战部署，并请求中央和共产国际的支援。可这么重大的任务，派谁去呢？这个人，不仅党性要强，意志要坚定，而且要灵活机警，有勇有谋。善于

《周恩来给中共中央的信——向潮汕进军的问题》

识人的周恩来从人群中挑出了陈居玺。

陈居玺是谁？他是广西平南县人，1922年考入北京大学，曾任北京大学的党支部书记，毕业后被组织委派到黄埔军校。南昌起义时，陈居玺在部队中从事宣传工作。虽然他只有28岁，可是饱受革命锤炼，是一位可靠、对党绝对忠诚的同志。那当年这封密信是如何辗转送达中央的？送信人陈居玺又经历了怎样的艰难呢？

1927年9月初，起义部队南下进入汀州，陈居玺与中国国民党革命委员会秘书长吴玉章住在一间丝竹店里。入住后第二天，这里迎来了一位特殊的客人——前委书记周恩来。他只身前来未带任何随从，并要求与陈居玺单独谈话。如此非同寻常，必有要事。

屋内门窗紧闭，二人相视而坐。周恩来眉梢浓黑，目光锐利，十分郑重而又和蔼地说道："陈居玺同志，照目前来看，我们打到汕头是不成问题的了。现在让你去完成一个非常重要的任务：送一封密件到上海给党中央，文件内容是请中央与苏联商议，运一些武器到汕头来支援我们。相信你一定能完成这个任务的。"

周恩来指示陈居玺化装成商人，亲手交给他一纸密信以及二百块中交票，作为路费和购置化装衣服之用，同时还仔细交代了接头地点和方法。密信是周恩来用蘸了药水的钢笔书写的，阅读时须用矾水毛笔轻扫后方可显现。周恩来还让陈居玺把信件装在上衣口袋里，与解手用的草纸混在一起，叮嘱他第二天就出发。

周恩来匆匆离去的背影消失在远处的街角，陈居玺久久伫立在店门口凝望。此时此刻,他的心情既激动又紧张。密信虽无痕,但密信内容的三个关键词——"中央、苏联、武器"已让陈居玺意识到,此行北上对生死与共的战友是何等重要,更宝贵的是党对他的信任和嘱托!陈居玺的目光变得深邃起来,越过古城,缓缓抬升,穿云破雾,望向遥远的北方……

翌日清晨,陈居玺打点好行装启程。他一路坐船来到口岸,哪知刚一下船,就被国民党的特工人员遍身搜查。搜查中,一支外国自来水笔引起了他们的注意。这支笔是陈居玺花二十多块钱买的心爱之物,临行前未曾割舍,谁想今日却铸成大错。

历史小百科

为党的事业辗转多地的陈居玺

陈居玺,又名陈宝符,广西平南县人,生于1899年,1922年考入北京大学。1924年4月由黄日葵、李国瑄介绍加入中国共产党。入党后不久,陈居玺担任北京大学第六届党支部书记,直到1926年毕业。毕业后,陈居玺被中共北方区委派到黄埔军校,随后又被南方区委派回广西协助黄日葵的工作。1927年蒋介石、汪精卫先后背叛革命时,陈居玺正在李品仙的第八军政治部工作,在这紧要关头,党派人通知陈居玺立即离开武汉,前往南昌。7月28日左右,陈居玺抵达南昌,住在起义军总指挥部——江西大旅社。党组织给他安排的工作是收集各地的来信,起义胜利后,陈居玺在中国国民党革命委员会中担任宣传员。

特务们不怀好意地说："你是干什么的？"

"我是经商的，准备到香港去，我叔父在香港是商人。"陈居玺拱手说道。

"别骗人了，商人要笔干什么？你一定是共产党的侦探，快从实招来！"

"共党好像是个穷党吧。做生意哪有不记事、不记账的。赚几个闲钱，赶一回时髦，大爷您多心了。"陈居玺不动声色地答道。

敌人冷笑了几声，不由分说就把陈居玺关押了起来。

"你这草纸，怎么用油纸包着，又不是宣纸。什么东西？！"

"坐小划子，风高浪急，打湿了，就没得用了。江上拿着白花花银钱都没地方买，人就怕有三急！"

"少跟他废话！不动刑，他不知道老子的厉害！给我上实夹！"特务头子猛地一拍桌子。

只见一个黄褐色竹制的米升筒把陈居玺的左掌盖上，指缝里又插上了五根筷子，特务双手紧握筷子两端用力一夹，一股鲜血从米升筒缝里渗了出来，陈居玺浑身打了个冷颤，痛晕了过去。

"快招吧，招了就没事了，何必受这个罪呢。我们是干什么的？你挨不过去的。"

"命你都可以拿去！共党侦探是我想当就能当的？就凭一支自来水笔吗？"

"今天撞鬼了！碰上一个共党死硬分子！"特务们用客家话说道。

陈居玺一听他们讲的是客家话，立刻精神起来，他也用纯正、亲切的客家话说道："我确实是商人，在店里当店员兼会计，那支自来水笔是记账用的。做生意就要充充门面嘛，还不是为了让人家高看一眼。当个侦探能赚多少钱？当它干吗？在家靠父母，出外靠朋友，天下客家是一家啦。"

冷不防冒出来一个乡里乡亲，没有口供，没有证据，再用刑，大抵还是结不了案。特务们面面相觑，无可奈何中止了审讯，把陈居玺押回了监察室。

第二天一大早，两个士兵押着陈居玺走出牢门，虚张声势地说："拉出去枪毙。"

陈居玺心想：信恐怕是送不到了，人在信在，人亡信毁。陈居玺的左手缓缓地伸入鼓鼓的上衣口袋，准备就义……可刚走出大门口，两个士兵突然扬起巴掌，"啪啪啪"打在陈居玺脸上，恶狠狠地说道："滚蛋！"随后把他放了。

恢复自由了？！陈居玺四处打探，抬头看看晴朗的天空，天是那样蓝，云是如此白，自由是真的！信在，人在，陈居玺拍拍口袋、跺跺脚，提起箱子继续执行任务。

脱险后的陈居玺顾不上身上的累累伤痕，继续北上，将这封信交给了在上海的党中央，完成了党交给他的特殊任务。

如今，这封绝密信函就珍藏在中央档案馆里，透过这张薄薄的草纸和上面密密麻麻的字迹，我们仿佛看到了在那段惊心动魄的岁月里，一个个坚定无畏的共产党人的身影！

誓死杀敌
悲壮血战三河坝

热血芳华

1927年,一群正当芳华的热血青年从天南地北聚集南昌,一起参加南昌起义,其中的200多人又在同一天壮烈牺牲!为什么200多个年轻鲜活的生命会永远定格在同一天?这一天究竟发生了什么?

南昌起义爆发后,国民党反动派大为震惊,纷纷调兵遣将准备"讨伐"起义军。起义部队按原计划分批撤离南昌,南下广东,于9月19日抵达三河坝。

根据前敌委员会的决定,起义军兵分两路:主力部队由周恩来、贺龙、叶挺、刘伯承等率领,从韩江进入潮州和汕头;朱德则率领3000余人留守三河坝,阻击敌军,保护南下主力。这就是著名的"三河坝分兵"。

三河坝位于广东省大埔县境内,是梅江、韩江、梅潭河的会合口，地形险要，历来为兵家必争之地，素有"得此控闽赣，失此失潮汕"的说法。就在起义军主力刚刚离开三河坝不久，曾在会昌吃了败仗的钱大钧卷土重来，又纠集了3个师2万余人，水陆兼程，气势汹汹地往三河坝扑来。

面对强敌，正面交锋肯定是不明智的。朱德仔细地查看三河坝地形，发现部队驻地数面临水，一旦战斗，必将背水而战，这可是兵家大忌。于是朱德果断做出应敌对策：将部队转移到三河坝对岸的笔枝尾山、龙虎坑一带抢占有利地形，连夜构筑防御工事，并把指挥所设在了东侧高地的田氏宗祠内。朱德、周士第、李硕勋等站在笔枝尾山上，拿着望远镜，密切注视着敌情。

大军压境，恶战在即。

三河坝战役第一天　敌驻我扰

10月1日，三河坝响起了枪炮声。

钱大钧派出一支精干部队向起义军阵地实行火力侦察。"轰隆隆"——敌人的排炮打了过来，他们集中火力向前沿阵地疯狂射击。霎时间，枪声大作，弹如飞蝗，硝烟四起，江面被炸得水柱冲天，整个山头都笼罩在战火之中。

奉朱德军长的命令，起义军隐蔽在稠密的竹林中，时而一枪不发，时而打几发冷枪，敌人摸不清底细，不敢轻举妄动。

夜幕悄悄降临。

朱德派出一小股部队前去骚扰敌人。等忙乱了一天的敌人刚睡下，起义军就在铁桶里放鞭炮，"嗵嗵嗵"的声音和真的枪声几乎一模一样。战士们藏在工事里听着笑着，河对岸的敌人却是惊恐万分，他们以为起义军发动了冲锋，匆忙爬出军营，疯狂地向漆黑的夜幕胡乱射击。等对岸"枪声"稍停，敌人刚想躺下美美地睡一觉，又是一阵轰鸣声，就这样循环反复，敌人被折腾了一夜，不得安宁。

三河坝战役第二天　半渡而击

一宿没睡的钱大钧气急败坏，恼羞成怒的他给部队下达命令：强渡韩江。

敌人从渡口抢来十几只民船，在强大火力的掩护下，向对岸发起强攻。江面上风平浪静，韩江西岸的山林、道路依稀可见，敌人的一举一动都看得清清楚楚。只见船上装满了敌兵，一字排开向东岸驶来，敌人阵地上的机枪也密集地扫射过来。

朱德斜靠在笔枝尾山主阵地的战壕里，一声不响地注视着江面。

五分钟过去了，十分钟过去了！

眼看着敌人的船队已渡过江心，朱德举起手枪朝船队射出第一发子弹，这是他"半渡而击"的命令。

顷刻间，起义军的所有枪口都冒起火来，子弹像暴雨一样密集地打向敌船，敌人无处可藏，只好纷纷跳入水中。有三只船被打漏了，沉下水去，其他民船由于无人划桨，随着激流向下漂去。敌人的第一次强渡宣告失败。

深夜清冷的阵风，把河边滩头的竹叶吹得哗哗作响。江面静悄悄的，狡猾的敌人企图以夜幕作为掩护发起新一轮进攻。可他

南昌八一起义纪念馆展品：油画《血战三河坝》（作者：王铁牛）

们哪知道，朱德早就布下了天罗地网。

当敌人摸黑登岸自以为阴谋得逞时，严阵以待的第七十五团一齐开火，瞬间平静的韩江江面上热闹起来！船在江中心团团打转，半数木船被打沉，许多敌人中弹后掉进河中，活活被淹死，有的落水后，扒在船舷上嗷嗷惨叫。

看到敌军的漏网之鱼上了岸，起义军如猛虎下山般冲入敌营展开激烈的格斗。经过一夜的激战，侥幸登陆的敌人死的死，伤的伤，有的还当了俘虏。战斗中，起义军个个英勇杀敌，有些战士身负重伤。

这一天一晚，敌人的两次强攻均告失败，钱大钧在指挥部里走来走去，坐卧不安。两天来官兵们伤亡惨重，士气一落千丈，钱大钧深刻领教了朱德的厉害，可自己早已夸下海口：三天之内必须攻下三河坝。明天就是最后期限，怎么办？焦灼的他立即召开紧急会议，研究第三天夺取三河坝的作战方案。

三河坝战役第三天　誓死杀敌

拂晓，江面上腾起浓浓大雾，三河坝大地被漫天大雾笼罩着。

朱德站在指挥所门口，望着眼前的浓雾十分不安。两天来战斗虽然取胜，但部队伤亡也很大，更为严重的是给养成了大问题。有的团一连几天没有吃上一顿饱饭，而且每个人身上的子弹已不多了，可以说几乎到了弹尽粮绝的境地。现如今所有的伏击点都已暴露，接下来的正面迎击将异常艰难。

朱德命令通讯员立即通知各团加强戒备，保持高度警惕，准备与敌展开一场生死决战。

对岸的钱大钧望着窗外的浓雾，露出一丝奸笑，合掌拜苍天："天助我也，天助我也！"他立即发出信号，下令部队全面进攻。

凌晨5时许，敌方大炮、机关枪、步枪冒着硝烟与浓雾交织在一起，他们仗着人多势众、武器精良，源源不断地渡江而战。不到几分钟，敌军近千人已抢占了部分阵地，起义军只好退守山头。敌人越来越多，战斗也越来越艰苦，起义军损失惨重，战斗进入胶着状态。

面对敌众我寡的危机形势，总指挥朱德知道，再这样下去，起义军将会损失更大。他眉头紧锁，思考着起义军的去向。经过慎重考虑，朱德决定趁夜色将部队转移出去，以保存革命力量。

满身征尘的朱德站在阵地上，镇定自若地向官兵们说道："同

蔡晴川

标语"誓死杀敌",原镌刻在三河坝战场遗址田家祠堂墙壁上。三河坝血战时,朱德的指挥部就设在东文部的田家祠。"誓死杀敌"四字,是当年驻扎于此的起义军所写,一直保留至今。后南昌八一起义纪念馆将标语拍摄下来,在南昌八一起义纪念馆展厅陈列展出

志们,这几天我们孤军奋战,牺牲了很多战友,面对死去的弟兄们,我朱德心中有愧。但是我们用生命换来的宝贵时间,为我们主力赢得了生存的机会,大家说,值不值?"

"值!值!值!"战士们慷慨激昂地高举着拳头。

"阻击任务已经完成,我们要撤离三河坝,但对面的钱大钧绝不会轻易让我们离开,因此我决定,留下两百人断后,拼死挡住钱大钧,让更多人活着出去。大家记住,革命的道路还很漫长,我们就是要为中国革命留下种子!"

"第十一军二十五师七十五团三营营长蔡晴川,我申请留下。"

"我留下,我也留下……"战士们坚定执着的誓言在山谷中回响!

最后,指挥部决定留下第

为纪念三河坝战役及牺牲的革命烈士，1963年广东省大埔县兴建了八一起义军三河坝战役烈士纪念碑。当年指挥战役的朱德同志亲自题写碑名，战役中任第二十五师师长的周士第撰写了碑文

七十五团三营担负牵制任务，朱德与蔡晴川握手相拥，垂泪作别。

10月4日清晨，蔡晴川率领第三营战士迎来了三河坝最惨烈的一战。他们顶着敌人狂轰滥炸的炮火，拼死抵抗从四面包围而来的万余敌军。当子弹用完时，蔡晴川跳出战壕，冲上前线，带头用刺刀砍杀敌军30余人，最终他和全营200余勇士战死沙场，倒在了血泊之中……

八一小博士

纪念三河坝战役

中华人民共和国成立后，为了表达对战斗中光荣牺牲战士们的怀念，三河坝人民在起义军战斗过的笔枝尾山顶，建立了一座纪念碑。纪念碑高15米，正面镏金镌刻着当年三河坝战役指挥员朱德亲笔题写的"八一起义军三河坝战役烈士纪念碑"15个金光闪闪的大字。碑座上，刻着当年起义军第二十五师师长周士第撰写的三河坝战役烈士纪念碑碑文。

第三营战士为起义军转移赢得了时间，他们用鲜血和生命实现了"誓死杀敌"的铮铮誓言。这正是：

笔枝尾山歌悲壮，
英雄光辉映韩江。
烈士丰功垂史册，
千秋万代永不忘。

千里转战

"中国也会有个'1917'"

"红军之父"朱德

提到中国人民解放军的军史，有一个名字是绕不开的，那就是被誉为"红军之父"的朱德。"红军之父"，顾名思义，就是红军的缔造者。而他之所以被誉为"红军之父"，正是因为他在危急关头力挽狂澜，保留下人民军队的火种，成为后来红军主力的来源。

1927年10月3日，朱德率部从三河坝转移，当他们行至饶平，遇到从潮汕撤下来的部队，才知道主力部队在潮汕遭遇失利。下一步应该去哪里？这支重新整合的队伍中，真正属于朱德领导的第九军人员并不多，基本力量是第十一军二十五师和第二十军三师，共2000余人。大家士气低落，思想上十分混乱。有的人说，主力部队都已经被打散了，我们这点力量也保存不了多久，干脆散伙。这时，朱德认识到，面对强敌，首先需要转换战术，改变

茂芝会议旧址

思想，扭转士气。他在茂芝全德学校主持召开干部会议，周士第、陈毅等 20 余人参加。会上，大家围绕要不要保存南昌起义这支部队的问题，展开了激烈的争论。在挫败面前，朱德表现出了无比坚定的革命意志，他坚决反对"解散队伍，各奔前程"的主张，坚定地指出：起义军主力虽然在潮汕失败了，在三河坝吃了败仗，但中国共产党还存在，南昌起义这支队伍也还有 2000 多人。作为共产党员，自己有责任把南昌起义的革命种子保留下来，有信心把南昌起义这支革命队伍带出敌人的包围圈！同时，号召大家团结一心将革命进行到底。

会议决定保存这支队伍，尽快与上级党组织取得联系，摆脱险恶处境。于是，朱德制定了一条"隐蔽北上、穿山西进、直奔湘南"的路线，将大家的目光从占领大城市转向了农村和山区，为处于混乱中的队伍指出了一条出路。

这是一条谁也没有走过的路。由于此时起义部队只剩下2000多人,而成千上万的敌人从四面八方拥来,与他们发生正面冲撞是毫无胜算的。朱德只得率领起义军转战于闽粤湘赣边界的山区地带。这条路线的优点是追兵少、便于隐蔽,可以打游击;缺点是几乎无法获得补给。时近冬天,战士们仍然穿着起义时的单衣单裤,打着赤脚,连草鞋都没有,却要在山间穿行,在山林宿营。随时可能出现的敌军,崎岖难行的山路,日益减少的食物和弹药,逐渐变冷的天气……恶劣的条件一天天消磨着战士们的意志。革命的前途到底在哪里?这样的疑问困扰在每一个人的心头。不断有人脱离队伍,有的人甚至选择了叛变,队伍迅速减少到只剩800多人。这支被悲观与绝望笼罩着的队伍已经处在随时瓦解的边缘。

面对困难,朱德总是显得无所畏惧,一边满怀信心地走在队伍的前面,一边给大家讲革命道理,用自己的一言一行感染着战士们。在这难以想象的艰难时刻,朱德清醒地意识到:南昌起义的这面旗帜绝不可以倒!他又一次坚定地站了出来,在江西安远天心圩主持召开了一次全体军人大会。会上,他大义凛然地向大家表示:同志们,要革命的跟我走,不革命的可以回家,不勉强!同时又恳切地表示,无论如何我是不走的,只要有十几,二十几个人,我也要一直干下去,中国革命是一定会胜利的。

朱德掷地有声的话语,说得大家都安静了下来,纷纷陷入沉

南昌八一起义纪念馆馆内布展：天心圩会议

思。见此情景，朱德又向大家举了个俄国革命胜利的例子作比喻："1927年的中国革命，好比1905年的俄国革命，俄国在1905年革命失败后，是黑暗的，但黑暗是暂时的。到了1917年，革命终于成功了。中国也会有个'1917年'。只要保存实力，革命就有办法。你们应该相信这一点。"

"但是，我们接下来该怎么办呢？"人群中传来了疑惑的声音。

"打游击呀！"四个字说得大家面面相觑，毕竟这是没有先例的，以前大家的目标一直是像俄国革命一样占领大城市，最终建立新中国，从来没有想过在山里打游击。朱德告诉大家，只要有信心，不放弃，我们就可以慢慢发展自己的队伍……

朱德的这一番话，仿佛是直射到黑暗大地的一缕阳光，为大家指明了革命的方向。后来，粟裕回忆起这段经历，说道："真正的革命英雄，乃是百折不挠、大义凛然的朱德同志和陈毅同志，乃是那些对革命坚定不移、为革命英勇献身的战士。"

朱德同志在最黑暗的日子里，向大家指明了革命的前途，增强了群众的革命信念。这次会议之后，大家又重新燃起了革命必胜的信念，表示要坚决干下去。随后，朱德对部队进行了一系列的军事、组织和纪律整顿，训练游击战术，在实践中摸索出了一条适宜中国国情的革命道路。经过前后20多天的整顿，虽然部队只剩下800多人，但是大家的精神面貌焕然一新。这支部队在朱德的率领下，以前所未有的凝聚力战胜了千难万险，这些战士是大浪淘沙后留下来的真金。

历史小百科

十月革命

1917年11月7日，列宁领导武装力量攻占圣彼得堡冬宫，推翻了资产阶级临时政府，建立了苏维埃政权，这就是历史上著名的"十月革命"（这一天的俄历时间为十月二十五日）。毛泽东曾说："十月革命一声炮响，给我们送来了马克思列宁主义。"当时，中国正处于半殖民地半封建社会，内有军阀混战，外有列强入侵。中国的一批先进知识分子从马克思主义的真理中了解到解决这些问题的方法，十月革命的爆发更让大家看到了成功的希望。因此，中国共产党早期的革命实践都是以俄国的革命作为学习榜样。

南昌起义的火种保留了下来，再也没有熄灭，并最终走向了井冈山，走向了延安，成长为横渡长江夺取全国政权的百万雄师。1949年10月1日，中华人民共和国成立了，中国人民终于迎来了属于自己的"1917"。

第三部分

群英璀璨耀中华

——追忆八一英豪

历史是记忆，历史更是财富。南昌起义，留下了许多革命先辈的光辉足迹，写下了一段段可歌可泣的革命篇章。这是一段中国共产党人艰苦卓绝的奋斗史，是人民军队凤凰涅槃的重生史，是伟大中国走向胜利的探路史。

历经风雨洗礼，穿越峥嵘岁月，如今，战争的苦难虽已远去，但革命先辈们的光辉形象却如同璀璨的星河，在历史的长空中熠熠生辉。

一条毛毯凝结着周恩来与人民群众的深情厚谊；铮铮誓言见证着贺龙铁心向党的坚强决心；军规如铁、执纪如钢展现出一代英豪叶挺的大将风采；青春无悔、飒爽英姿让我们看见人世间最美好的热血芳华……

薄薄毛毯送温暖
周恩来情系百姓

南昌起义时周恩来使用过的毛毯

在南昌八一起义纪念馆的展厅里，静静地躺着一条毛毯。毛毯原本是红色的，但随着岁月的消磨，已经褪色发黄，上面打满了补丁。这条毛毯的主人正是领导南昌起义的前敌委员会书记——周恩来。

1927年7月24日，领导南昌起义的前敌委员会成立了，作为书记的周恩来须立即动身去组织和领导起义。由于革命有严格的保密要求，妻子邓颖超并不知道他是去干什么，也不知道这次的任务需要多久，便将一条红色的毛毯放在行李箱里，让他随身带着。起义期间，周恩来总是通宵达旦地工作，为起义的顺利举行呕心沥血。8月1日凌晨，起义成功打响，起义军占领南昌城，随后根据中央的计划，起义军撤离南昌向广东进军。

起义部队进入广东地区后，遭遇敌人的疯狂进攻，在揭阳汤坑地区，受到敌军的重兵包围。战士们虽然作战勇敢，但敌众我寡，连日苦战，也难挽败局，不得已撤退到普宁县流沙镇。形势已是千钧一发。在周恩来主持下，起义领导人在流沙镇的一座教堂里召开了最后一次紧急会议。会上，大家共同作出了一系列重大决策，包括起义部队撤往海陆丰与当地武装联合，领导人员立即撤离分散前往香港、上海等。由于长时间超负荷的行军、工作，周恩来此时身患疟疾，高烧40多摄氏度，粒米未沾，甚至无法坐直身子主持会议，但他仍然表现出乐观的革命态度。就在会议快要结束时，有士兵报告：突然发现了敌人的侦察兵。于是，起义军立即向海陆丰方向转移。

此时天色已经完全黑了，敌人借着夜色的掩护突然发起进攻，将起义军拦腰截断。周恩来带病亲自指挥部队冲出重围，向西南方向转移。随后，周恩来的病情更加严重，已经陷入昏迷状态，神志模糊，嘴里还不断地喊着："冲啊！冲啊！"留在他身边的叶挺、聂荣臻等人，既不会说当地话，对当地的情况也不熟悉，几个人只有一支小手枪，连自卫的能力也没有。后来，他们在当地党组织负责人杨石魂的带领下，终于摆脱了敌人的追击，抵达陆丰甲子镇。

甲子镇是一个港口，可以坐船前往香港，这里的农民运动发展较成熟，有很好的群众基础。随后，贺龙、林伯渠、吴玉章等人从甲子港乘木帆船出境，安全到达香港。

由于可以渡海前往香港的船只很少，亟待护送过港的官兵人

南昌八一起义纪念馆馆藏文物：南昌起义时周恩来使用过的毛毯

数很多，只能分批运送。周恩来一直高烧不退，因此便滞留下来，等情况稳定了再做打算。此时，陪在周恩来身边的除了叶挺、聂荣臻等同志，就只剩下那条红色的毛毯，在每一个被高烧折磨得瑟瑟发抖的夜晚，这条毛毯给他带来丝丝温暖。

不久，地下交通员带来了周围有敌军活动的消息。因怕走漏风声，陆丰县南塘区区委书记黄秀文便将周恩来等人接到家中，由他的父亲亲自照料。这时周恩来已经连续高烧好几天了，急需医治，中共陆丰县委便从邻村请来一位可靠的老中医为周恩来治病。服用了三四天中药后，周恩来的病情终于有所好转，精神也好了些，但病还没有痊愈。这时又传来了国民党武装在附近搜村的消息，为了安全起见，周恩来等人便只得向更为隐蔽的兰湖村转移。

兰湖村是位于南塘区旁一个山脚下的小村庄，距离南塘大约

10公里。这里位置偏僻，地瘦人贫，但群众革命热情都非常高，是接待隐藏革命人士的理想地方。周恩来等同志到兰湖后，住在村里一位名叫郑阿仲的革命青年家中，等待出港的时机。

周恩来住房的隔壁茅屋便是郑阿仲老母亲的住处，老人家为人慈祥善良，对革命同志非常热情。当时被病魔折磨的周恩来形容消瘦，脸色蜡黄，身体十分虚弱。郑母见周恩来病得不轻，便无微不至地照顾他，还经常煮绿豆汤给他退烧。

住在郑家的时候，周恩来非常关心当地群众的生活，精神好的时候，还会找来郑阿仲聊天，给他讲革命道理，关心他的思想动向。他常常对郑阿仲说："年轻人应该多读革命书籍，只有懂得革命道理才能有远大的奋斗目标，在风浪中前进。"

历史小百科

周恩来创建"中央特科"

南昌起义后，周恩来去了哪里？他经香港辗转来到上海。国共合作破裂后，中央机关陆续从武汉迁往上海。此时的上海可以说是"最危险的地方"，到处都是国民党军警和租界暗探，许多共产党员遭到逮捕，甚至牺牲。1927年11月，周恩来在上海创建了中共的第一个政治保卫和情报特工机构"中央特科"，任务包括：保证中共中央领导机构的安全，收集掌握情报，镇压叛徒，营救被捕同志，建立秘密电台。周恩来化名"伍豪"，率领这支特科行动队隐蔽在敌人眼皮子底下，为革命作出了重要贡献。

周恩来在郑阿仲家共住了三天，因为受到了郑母的悉心照料，心中非常感激。此时已渐入深秋，早晚冷风袭人。与老人家道别时，他见郑家一贫如洗，床上只有一些破破烂烂的麻包袋充当被褥，便拿出了自己一直带在身边的这条毛毯。周恩来对郑母说："老妈妈，天气越来越冷了，这条毛毯您留着盖吧。"郑母推拒不肯收，说道："孩子，你还没退烧呢，还是把毛毯带上吧。"周恩来十分坚持，郑母几番推拒不过，才郑重地收下了这条毛毯。

郑家收下毛毯后，一直舍不得用，将它珍藏了起来。如今，岁月的流逝磨去了毛毯表面的光泽，却使之浸透着周恩来对老百姓的浓浓爱心。至今，在陆丰的兰湖村，周恩来赠送毛毯的故事还广为流传。

"党要我怎么干就怎么干"
贺龙铁心跟党走

"贺龙同志是一个好同志"

"贺龙同志是一个好同志。在毛主席、党中央领导下，几十年来为党、为人民的革命事业曾作出重大贡献。"这是周总理对贺龙的评价。南昌起义时，贺龙是手握重兵的国民党高级将领，是什么让他放弃高官厚禄，选择一条更艰难的路，参加南昌起义呢？也许看了下面这个故事，你可以找到答案。

贺龙出生在湖南桑植的一户贫苦农民家庭，14岁时就因为家境贫穷放弃学业，加入马帮靠赶马运货谋生。他的少年时期，没有窗明几净的教室，没有琅琅读书声，只有风餐露宿和官吏的剥削压榨。贺龙年纪虽小，却为人仗义、嫉恶如仇，渐渐在底层人民中打出了名号，还不到20岁，便凭借"两把菜刀闹革命"，逐渐发展出一支军队来。

20世纪20年代的中国，大小军阀各霸一方，混战不休。百姓生活在水深火热之中，苦不堪言。贺龙的革命理想一直是"为受苦人打天下"，但旧中国就像一个烂摊子。这时他接触到了共产主义的思想，在共产党人的身上看到了收拾这个烂摊子的希望和力量。

1926年7月，国共合作下的北伐战争开始了，贺龙的部队英勇善战、所向披靡。8月，周逸群率宣传队来到了贺龙的部队。贺龙早就知道周逸群是共产党员，对他的到来喜出望外。当天，两人促膝谈心，周逸群分析了国内外形势、北伐的意义及革命的前景等，贺龙大受启发，坦诚地向他提出建设和改造部队的问题。周逸群都认真详细地作答。两人一直畅谈到深夜，毫无倦意。

就在宣传队到来的第三天，贺龙约周逸群密谈。他开门见山地说："我要参加共产党！"这是贺龙第一次提出入党的意愿。但由于当时中央不允许吸收国民党内的高级军官入党，所以周逸群只好说："共产党是不关门的，只要够条件，时机一到，一定有人找你。"随后，周逸群便留在了贺龙的队伍中，开办起了政治讲习所。在周逸群的努力下，共产党在贺龙的第二十军一师的影响逐渐扩大，官兵更加倾向于革命，他和贺龙的关系也日益亲密无间。这可以说是贺龙真正接近共产党的开始。这以后，贺龙多次

提出入党申请，虽然没有被批准，但他的思想与共产党越走越近。

1927年大革命失败后，贺龙手握重兵，成为各方势力竞相拉拢的对象。然而，在革命陷入危机的时刻，贺龙不屑高官厚禄，不惧屠杀逮捕，义无反顾地与共产党同舟共济，率部参加南昌起义。

1927年7月27日，周恩来抵达南昌。第二天，他就来到贺龙指挥部，将起义的计划悉数告知贺龙，讲完后说："贺龙同志，我想听听你的意见。"当时贺龙还不是共产党员，但他早已下定决心站在共产党一边，便斩钉截铁地说："我完全听共产党的命令，党要我怎么干就怎么干。"周恩来当即以前敌委员会的名义任命贺龙为起义总指挥。

1927年7月30日下午，贺龙召集团以上军官在指挥部开会。会上，贺龙郑重地说道："今天召集大家来，有件重要的事情谈一谈。"大家一听，就知道事关重大，便认真起来。贺龙接着说："国民党叛变了革命，国民党已经死了。我们的队伍，是工农大众的队伍，我们已经闹了多年的革命，现在，我们还要不要革命？"

"要革命！"大家回答。

贺龙接着说："现在，革命到了危急关头，我们怎么办？摆在我们面前有三条路：一条是我们自己把队伍解散，大家都回老家去，这条路行不行？"

"不行！"大家回答。

贺龙又说："第二条路，就是跟蒋介石、汪精卫去当反革命，屠杀共产党人，屠杀人民，屠杀自己的工农兄弟。这条路行不行？"

"不行！"大家异口同声地回答。

贺龙环视会场，然后坚定地说："这两条路大家都说不行。我看大家的意见是对的。"接着，他提出了第三条路："我们是革命的队伍，我们要为工农劳苦大众的解放而战斗。只有跟着共产党，中国革命才有希望，共产党是人民的救星。我们现在要在共产党领导下举行武装暴动，解放人民；我是已经下决心跟党走了，愿意跟党走的，我们一块儿革命，不愿意的也可以离开。我们要走革命到底的路。"这支队伍里的官兵大多是仰慕贺龙之名追随他一起革命的，不少人是贺龙的同乡甚至同族兄弟，大家纷纷表示愿意。

1927年8月1日凌晨，战斗打响，贺龙、刘伯承、周逸群等

历史小百科

刘屏庚捐赠贺龙物品

贺龙参加南昌起义后，成为新型人民军队中的一员。他将自己随身携带的较为精美的生活用品赠送给了中华圣公会会长、宏道中学校长刘屏庚，一方面是为了表达对刘屏庚校长的谢意，另一方面，贺龙经过南昌起义的洗礼与中国共产党革命精神的熏陶，决心摆脱过往的旧生活，与士兵同甘共苦。刘屏庚十分感动，一直小心谨慎地妥善保存贺龙卧室中的家具和物品。

抗战时期，在日军占领南昌时，为安全起见，刘屏庚将这些家具都带回了安庆老家。1956年，为纪念人民解放军建军30周年，他将全部家具和物品一并捐赠给南昌八一起义纪念馆。

贺龙、郭沫若等在瑞金绵江中学光荣加入中国共产党。图为绵江中学

亲自指挥第二十军攻打敌总指挥部。起义胜利后,贺龙率第二十军与其他起义部队一起,开始艰苦的南下转战。

1927年9月,南昌起义部队行至瑞金时,贺龙入党的心愿终于实现了。在瑞金绵江中学,在周恩来等人的见证下,他庄严宣誓:"我志愿加入中国共产党……"中华人民共和国成立以后,贺龙回忆起自己入党的这段经历,曾深情地说道:"有人说我要求入党几百次,那是假的,但十几次总是有的。"至此,贺龙完成了由一个旧式军人向共产主义战士的蜕变,成为人民军队的缔造者之一。

起义军在南下途中,贺龙以自己的名义发布《国民革命军第二方面军总指挥贺示》,其中明确提出"此次南昌起义,原为救国救民"。经过南昌起义,贺龙铁心跟党走,终于踏上了实现救国救民革命理想的新征程。

"没有授衔的元帅"
叶挺治军严如铁

"没有授衔的元帅"

他培养出了人民解放军历史最长的英雄部队，被誉为"铁军"的叶挺独立团。他曾参与领导了南昌起义、广州起义，被人们称作"没有授衔的元帅"。叶挺与"铁军"的赫赫威名要从北伐时讲起。

严格训练铸军魂

1925年是大革命形势蓬勃发展的一年。随着革命的不断开展，中国共产党迫切需要建立一支自己掌握的革命武装。通过多方面的努力，终于建立了以共产党人为骨干的国民革命军第四军独立团。谁来领导这支队伍呢？周恩来想到，刚从苏联莫斯科东方劳动者共产主义大学和红军学校中国班学成回国的叶挺可以担此重任，便任命他为独立团团长。

独立团创建初期，由于官兵的来源和所受的教育不同，人员复杂，思想作风各异，军心涣散。为严肃军纪，叶挺一到任便马上展开全面的军政训练。他首先从自身出发，严格约束自己及亲人，做好表率。叶挺的堂弟在部队里担任排长，有一次聚众赌博被叶挺发现了，叶挺毫不姑息，当即免除了他的职务。自此，独立团军纪焕然一新。

独立团在军事训练方面特别严格。清早起床号一响起，独立团战士们便立即跳下床铺，穿衣、洗漱、整理内务完毕，开始紧张的训练。跑步10多公里后抢占一座百多公尺高的山头，然后立即返回营地吃早饭。早饭后，开始进行军事操练，上午、下午、黄昏各一次，这便是"四操"。军事训练的要求极高，常常是一排人、一连人连续重复训练一种动作，直至整齐划一。为了培养战士们不惧严寒、不畏酷暑的坚强意志，以适应各种恶劣的战争环境，独立团无论在什么天气情况下都从未间断过军事操练。同时，将军事课和政治课穿插其中，上午、下午各一次，晚上还有一小时的点名训话。

叶挺还十分注重实战训练，经常率领全团官兵到山里开展对抗演习，有时还不带干粮，挖野菜充饥，在荒山野岭中训练生存能力。独立团在叶挺的领导下，养成了铁的纪律，培养了铁的作风，练就了铁的战斗力，为日后成为"铁军"打下了坚实基础。

北伐建功扬威名

1926年5月，叶挺率领国民革命军第四军独立团作为"开路先锋"，率先北伐。至1926年11月，仅仅半年的时间里，独立

第四军独立团组建地旧址——广东肇庆阅江楼

团随第四军一起转战湘、鄂、赣三省，一路做尖兵，专啃硬骨头，战无不胜、攻无不克，为主力部队的进军打开了通道。其中，打得最艰难的当属汀泗桥战役和贺胜桥战役。

汀泗桥镇是北伐军进军武昌的必经要隘，镇东有一片比较陡峭和起伏连绵的山岗，敌军的阵地就设在这片山岗之上。时逢大水，全镇三面均被洪水包围，在敌军阵地西面形成一道天然的屏障。敌人在唯一可以通向阵地的汀泗桥上布下严密的火力封锁，这注定是一场苦战。

清晨，战斗打响。独立团由正面进攻汀泗桥，战士们发扬"革命军人有进无退"的精神，连续冲锋10多次，汀泗桥几度易手。双方激战至黄昏时分，战事陷入胶着。这时，叶挺打听到东面大山有一条小路可以绕过汀泗桥，便派出一支队伍由当地农民带路，借着夜色掩护攀越崎岖的山路，绕到敌人背后，出其不意发起猛攻，敌人被打得仓皇逃窜，北伐军乘势占领了汀泗桥。

由于战事紧张，独立团来不及休整，又继续投入到了夺取贺胜桥的战斗中。在这场战斗中，独立团的战士们丝毫不见疲态，依旧是作战勇猛、敢打敢拼。队伍中的共产党员、共青团员更是不惧牺牲，冒着枪林弹雨冲锋陷阵。独立团在叶挺的指挥下，凭借勇猛的战斗气势和不怕牺牲的精神，连战连捷，占领贺胜桥，夺取了武昌城。叶挺独立团也因此打出了共产党员的威名，为所在的第四军赢得了"铁军"称号。

光荣传统永传承

随着北伐的节节胜利，蒋介石、汪精卫先后背叛革命，将屠刀砍向共产党人和革命群众。为挽救革命危局，叶挺率领第十一军二十四师参加了南昌起义。起义前，叶挺便下达了"一个晚上全部解决战斗"的命令，各级官兵积极做好战前准备，有计划地开展作战环境和敌军情况的侦察。7月31日深夜，起义部队的频繁调动使敌人有所警觉，敌人连夜在天主教堂附近筑起了临时防御工事，并抢先向起义军开火。面对突发情况，第十一军二十四师七十一团二营的战士们毫不犹豫，立即发起冲锋，对敌人步步紧逼。驻扎在天主教堂的敌人纷纷向外逃窜，被埋伏在松柏巷口的第七十一团一营打了个伏击，伤亡六七十人，只得又退守天主教堂中。敌人调集机枪架在钟楼上，封锁了整个松柏巷。由于巷子太窄，又没有隐蔽的地方，起义军的攻势严重受阻。第三营营长黄序周挑选出20余名精悍官兵，组成冲锋队，在机枪火力掩护下,向天主教堂发起正面进攻。战士们勇猛搏杀,打出了铁军的气势。敌人被打得节节败退。战士们向敌军喊话:"我们是铁军,缴枪不杀!"敌军闻风丧胆,纷纷举手投降。

起义胜利后,叶挺发表了《告第二方面军同志书》:"同志们,我们铁军过去光荣的历史,也是革命势力团结的结果。凡忠实以从事国民革命工作的人,都是我们最挚爱的战士,凡是假革命营私自利的军人,我们不管他手上是否撑着有青天白日的旗子,都是我们的敌人。"《告第二方面军同志书》在官兵中产生了广泛的影响,激励着起义军战士们发扬铁军精神,严肃纪律、努力杀敌、不怕牺牲、再立新功。

随后,部队按计划向临川进发。江西境内本就多山,当时的交通条件十分落后,战士们肩扛重达60斤的物资和武器翻山越岭,再加上八月的天气,骄阳似火,酷暑难耐。战士们每天在山里行军七八十里,又热又累。而当地的反动势力早已在起义军经过的地方进行反动宣传,说起义军是"共匪"。沿途老百姓受到欺骗,人心惶惶,纷纷逃离家园躲起来。由于百姓都躲起来了,起义军难以找到食物,甚至一天喝不上一碗稀饭,渴了也找不到饮用水。

然而,即使在这种情况下,起义军所到之处,还是能做到纪律严明、秋毫无犯。敌人的谣言渐渐失去作用,沿途居民陆续回来。群众自发送来的西瓜、蔬菜,起义军全部用银元照市价付款。每次宿营,住了老百姓的房子,用了老百姓的炊具,离开前战士们都会把房子打扫干净,把炊具清点送还,如有损坏一律照价赔偿。

历史小百科

《囚歌》

为人进出的门紧锁着，
为狗爬走的洞敞开着，
一个声音高叫着：
爬出来吧，给你自由！
我渴望着自由，
但也深知道——
人的躯体哪能由狗的洞子爬出！
我只能期待着，
那一天——
地下的烈火冲腾，
把这活棺材和我一齐烧掉，
我应该在烈火和热血中得到永生。

这首诗是1942年叶挺被囚禁于重庆渣滓洞集中营时所作，表达了他为了捍卫人的尊严，为了保持共产党人的气节，宁可选择牺牲的大无畏精神。

在叶挺的领导下，起义军延续优良传统，所到之处无不受到百姓的拥戴。一位老太太称赞说："你们真是好队伍，我活了这么大年纪，从来没有见过这样的好队伍。"

"独眼军神"
刘伯承出任参谋团参谋长

刘伯承为南昌起义题词

"在人民解放战争胜利的八一建军节，在人民解放军诞生地的南昌，纪念二十三年来为人民解放事业而死难的烈士永垂不朽。"

这是1950年刘伯承关于南昌起义的题词。你们知道刘伯承在南昌起义中作出了什么贡献吗？我们来读一读下面这个故事吧。

南昌起义是中国革命的一次创举，那它的具体作战计划是由谁来制订的呢？这个人就是起义的参谋长——刘伯承。刘伯承是一位杰出的军事家，素以能征善战、足智多谋著称。他的右眼曾在战斗中受伤失明，因此又有"独眼军神"之称。

临危受命赴南昌

1927年是中国革命风雨飘摇的一年，国共关系从合作变成拔刀相向。不久，中国共产党开始秘密筹划举行南昌起义，任命周恩来为前敌委员会书记。这对年轻的周恩来也是一次考验，他需要一个军事上的得力助手。这个人需要在秘密组织大规模军事暴动和指挥作战上都有着丰富的经验。刘伯承无疑是最合适的人选。

周恩来对刘伯承十分信任和了解。刘伯承是川军著名将领，1926年加入中国共产党，曾在四川组织领导了泸顺起义，有着杰出的军事才能。1927年7月上旬，周恩来曾召集刘伯承、吴玉章等人座谈，听他们对局势的看法。这时，蒋介石早已公开叛变革命，国共合作的局面岌岌可危。在这次会谈中，刘伯承坚定地表示："我加入共产党，选择干革命，是为了追求人民的自由平等，怎么能因为遇到一点挫折就退缩放弃呢？"刘伯承的一席话，说得周恩来频频点头，心想这位川中名将是可以委以重任的。

此时刘伯承是国民革命军暂编第十五军军长，如公然擅离职守，怕会打草惊蛇，引起国民党高层关注。为掩人耳目，顺利参加起义，他特地在武汉《国民日报》上登报称病："暂编第十五军军长刘伯承、副军长黄慕颜，先后来汉向中央陈述与川中反动军阀奋斗情形，极为中央嘉奖。近刘军长因病，特向军事委员会请假调养，其职务交黄副军长代理，已蒙军委批准。"与此同时，刘伯承已秘密赶赴南昌，参加起义。

运筹帷幄订计划

根据周恩来的指示，刘伯承来到第二十军军部，协助贺龙拟制起义计划。二人详细分析了南昌乃至江西地区敌我双方的兵力部署情况，刘伯承以其一贯的细致，制订出周密的起义计划：

叶挺指挥第二十四师解决敌第六军五十七团和第三军二十三

团、二十四团；贺龙、刘伯承指挥第二十军攻占朱培德的第五方面军总指挥部，并负责解决敌第九军七十九团和八十团；第三军军官教育团负责永和门一带的警戒。

1927年8月1日凌晨2点，古老的南昌城顿时枪炮轰鸣、火光冲天。刘伯承与贺龙一起站在第二十军军部门口的台阶上指挥战斗。经过4个多小时的激战，起义军完全控制了南昌，歼灭守敌3000余人，取得了南昌起义的胜利。

起义胜利后，刘伯承被任命为参谋团参谋长，委员有周恩来、贺龙、叶挺、蔡廷锴等。关于参谋团的组建，周恩来后来回忆："参谋团当时没有人任主任。后来我就指定刘伯承同志来做参谋长，他起初谦虚，不肯答应；后来我说一定要你来做，他才担任参谋长职务。"

细致灵活改路线

起义前中央综合考虑敌我因素，决定起义胜利后将部队拉到广东东江，借助东江地区的工农力量充实实力，重新举行北伐。为制定一条合理的行进路线，以刘伯承为参谋长的参谋团认真分析了江西周边的敌我兵力情况。由于当时南昌周边的张发奎部和驻守粤汉一线的李济深部分属武汉、南京两个阵营，彼此提防，可以给起义军远征提供可乘之机，再综合考虑给养、发展有生力量等因素，参谋团最终选择了一条取道江西临川、会昌前往东江的路线。

起义军直指广东，军阀李济深大为紧张，立即调集重兵堵截。

刘伯承绘制的《反革命的环赣兵力概要表》

起义军在瑞金查获敌人文件，得知敌重兵屯于会昌。刘伯承建议：第二十军沿瑞金至会昌的大道，从东北面发起进攻，以吸引敌人的注意力，把主攻方向放在敌人的侧后。第十一军从西北面向会昌发起攻击，以防敌人退却溜走。这个作战方案获得参谋团一致同意。根据作战计划，起义军攻占会昌城，将敌钱大钧部打得落荒而逃。

进入会昌城，刘伯承如往常一样，找来敌人遗留的全部文件和最近几天的报纸，细细翻检，却看到一条令人震惊的消息：第二十军参谋长陈浴新叛变了！这就意味着南征的目的和进军的路线可能已经完全暴露了。刘伯承立即向周恩来建议，召开参谋团会议，改变进军路线。最后参谋团一致决定返回瑞金，改由福建的长汀、上杭进入东江。虽然从会昌到瑞金要走90多里回头路，但也通过水路行船解决了运送战利品和受伤官兵的难题。

起义军在南征途中，由于劳师远征、寡不敌众等原因，在敌人的围追堵截下遭遇失利。起义失利后，刘伯承在中央的安排下，前往苏联伏龙芝军事学院学习。在学习期间，他写下了一份《南昌暴动始末记》的报告，详细地记述南昌起义的全过程，总结经验与教训。这份报告里包含着刘伯承对武装斗争和人民军队建设

历史小百科

刘伯承兴办中国人民解放军军事学院

伏龙芝军事学院是苏联一所著名的高等军事学校，与英国桑赫斯特皇家军事学院、美国西点军校以及法国圣西尔军校并称世界"四大军校"。伏龙芝是苏联的一位杰出的红军统帅，曾担任学院的院长，为纪念他为学院作出的贡献，在他逝世后军校便以他的名字命名。1925年，苏联在伏龙芝军事学院成立中国班，用来培训中国的军事学员，中共一批非常优秀的军事家都曾在这里学习。1927年11月，中共派30名共产党员前往苏联留学军事，刘伯承就是其中一位，他因为在苏联高级步兵学校的学习成绩优秀而成功获得了转入伏龙芝军事学院深造的机会。1951年，刘伯承凭借当年的留学经历和丰富的军事经验，成功兴办起中华人民共和国的第一所高等军事学府——中国人民解放军军事学院。

等重要问题的深入思考。在南昌八一起义纪念馆展厅中展出了附在这份报告结尾的《反革命的环赣兵力概要表》《南昌起义兵力概要表》等珍贵资料。今天我们看到这些珍贵的资料，仿佛看到了当年他在参谋团办公室里殚精竭虑制订起义计划的身影。

"吕端大事不糊涂"
叶剑英三献妙计

> **"诸葛一生唯谨慎，吕端大事不糊涂"**

在中共八届十中全会上，毛泽东曾送他两句话："诸葛一生唯谨慎，吕端大事不糊涂。"表扬他能在历史的"大关节"处明断是非，果敢抉择，谋虑缜密。1986年他逝世时，中共中央的悼词称他"在重大的历史转折关头，敢于挺身而出，毫不犹豫地做出正确的决断"……他就是素有"儒将"之称的叶剑英元帅。

南昌起义中有一位幕后英雄，他虽然没有直接参加起义，但对南昌起义的成功打响起到了至关重要的作用，他就是叶剑英元帅。

1927年7月，正当南昌起义紧张准备时，一个反革命阴谋正在谋划当中，危险悄然而至。

此时的庐山天气凉爽，可以说是避暑胜地，但正在山上的叶剑英却心急如焚、忧心忡忡。他走在雾霭重重的山路上，不时感觉空气中弥漫着一股浓浓的血腥味。在餐桌上，在办公桌旁，在会议中，他的每一根神经都在向他证明同一个事实：张发奎、汪精卫将要全面清共。果不其然，第二天张发奎便召开紧急军事会议，叶剑英也出席了此次会议。会上汪精卫、张发奎密谋以开会为由，急令贺龙、叶挺上山，趁机扣押他们，解除兵权。

　　叶剑英得知这一内幕消息后十分震惊。他不仅是第四军的参谋长，还有一个更为重要的秘密身份：中共党员。此刻在他的心中只有一个念头：必须要尽快通知贺龙、叶挺，让他们做好准备，否则革命危在旦夕。会后，叶剑英冒着极大的危险，连夜下山赶

历史小百科

叶剑英入党

　　叶剑英曾是粤军名将，在旧军队中有很多老关系，他的老相识张发奎听说他到了武汉，就请他到第四军军部来，留在自己身边工作，不久就任命他为第四军参谋长。第四军里共产党员很多，对叶剑英影响很大。不久，他同共产党员李世安相识，便把自己入党的愿望讲了出来。李世安知道党内的纪律，像叶剑英这样的国民党高级军官，即便是已经通电反蒋，但要在基层组织里讨论他入党的问题，还可能发生波折。于是，他秘密向周恩来作了汇报。周恩来坦然说道："他的底子我知道，是好的，我们应该表示欢迎。"1927年7月上旬，在武汉革命形势急转直下、汪精卫"反共"前夜，经周恩来同意，中共中央批准接纳了叶剑英这名特殊党员。

南昌八一起义纪念馆展品：油画《小划子会议》（作者：金晨）

到九江约见贺龙、叶挺。

这一天，九江的甘棠湖上，聚集了不少游湖赏景的人，热闹非凡。为了避人耳目，贺龙机警地叫副官找来一条小船，相邀叶剑英、叶挺、廖乾五、高语罕一起登船游湖，摆出一副逍遥自在的姿态。待船渐渐驶入湖中心时，贺龙抢先发问："他们要我们上庐山开会究竟是要搞什么名堂？"

"贺军长，汪精卫要调你和叶师长上山，是要把你们扣起来，解除二位的兵权。"叶剑英立即回答。

"原来如此！怪不得他们殷勤得很，左一个邀请右一个邀请要我们上山，还说去开会避暑，原来搞的是这个名堂。"贺龙双手握拳气愤地说道，"照我看，庐山、德安都不能去，我们开去南昌。"

"张发奎和我当年都是孙中山大元帅府的营长。北伐以来，我们共产党为主的部队替他打冲锋，他才当上总指挥，怎么能想到关键时刻他却干这样见利忘义的事！"叶挺也愤慨道。

然而，事出突然容不得半点犹豫，经过紧急商议，最终决定：贺龙、叶挺不去庐山开会，也不执行把部队调去德安的命令，叶挺率领的第二十四师、贺龙率领的第二十军分别于25日和26日乘火车开赴南昌。

小船靠岸后，5个人在坚定的目光中告别。贺龙、叶挺立刻赶回去部署部队撤离事宜，叶剑英则赶回庐山，继续潜伏。正是叶剑英的敏锐察觉和消息传递，使得汪精卫、张发奎的阴谋化为泡影，为南昌起义留下了主力部队。

南昌起义后，汪精卫、张发奎气急败坏，计划立即率领大部队向南昌围攻。为保障部队南下作战没有后顾之忧，缓解起义军的压力，保证安全，叶剑英再次向张发奎"敬献妙计"。

他对张发奎说："总指挥，建议不要追击起义军，让共产党的部队开到广东去。到了广东后，李济深必不相容，一定会调兵去打他们。这样我们就可以坐山观虎斗，还能趁机向广东进军然后顺利回师广州，坐享渔翁之利了。"

这一"妙计"果然奏效，抓住了张发奎猜忌心重又想回粤的心理。张发奎虽表面上没吭声，但实际上已接受了叶剑英的建议。起义部队南下后，张发奎果然按兵不动。叶剑英这一建议，使得起义军免受前后夹击之苦，得以集中力量攻打国民党前来堵截的部队。

除此之外，叶剑英还利用自己和张发奎的老交情为革命保留了一支武装力量。南昌起义前夕,由中央军事政治学校武汉分校学员改编的教导团从武汉乘船东下赶往南昌,但船一到九江便被张发奎缴械扣留,因此没能赶上队伍参加起义。

如何保存这支革命力量呢?为此,叶剑英再献一计。他向张发奎自荐说:"这支队伍是来自军校的学员,都接受过正规的军事训练,可以把他们收编,这样可以壮大我们的武装力量。"张发奎同意这个意见。这样一来,叶剑英既赢得了张发奎的信任,又使教导团的力量得以保存。后来,这支部队参加了广州起义。

南昌起义前,叶剑英冒着生命危险把汪精卫的阴谋告知贺龙、叶挺,使起义得以顺利进行。起义军撤出南昌后,叶剑英再次献计,巧妙地阻止了张发奎对起义军的追击。叶剑英虽未能直接参加南昌起义,但是他潜伏在敌人心脏,"三献妙计",以特殊的战斗方式为南昌起义作出了巨大贡献。

临危受命
聂荣臻单骑策反

神秘的策反者

策反是情报人员最传统的任务之一。顾名思义，策反就是通过各种心理战手段，将敌方人员从思想上转化为我方人员，从而削弱敌方力量，增强我方力量。南昌起义时，就有这样一位单刀赴会，策反敌军的英雄——聂荣臻。

1927年7月中旬，中共中央决定在南昌组织武装起义。从筹划起义到取得南昌城内战斗胜利，历经了20余天。在这短短半个多月的时间内，发生了许多惊心动魄、扣人心弦的故事，也涌现出了一批有勇有谋的英雄人物，这其中就有南昌起义前敌军委书记聂荣臻。

大家不妨想想，要在短时间内筹备起义并保障顺利进行，最急需解决的是什么？自然是参加起义的武装力量了。但当时中国共产党能独立掌握的武装力量并不多，叶挺率领的第十一军二十四师才5500多人，其余武装大部分都不是我党独立领导的。如何动员更多的力量参加起义？这并不是一件简单的事。因为当时的国民党对军队控制非常严格，设有许多特务机构监视将领们的一举一动。深入虎穴策反部队参加起义，可以说是一项极为艰巨和危险的任务，必须找一位党性强、靠得住、机智勇敢的人去完成。

经过深思熟虑，周恩来挑中了聂荣臻。周恩来找到聂荣臻后告诉他，中央计划在南昌举行武装暴动，并说道："此次南昌暴动意义重大，容不得半点马虎。经中央批准，现在决定派你同贺昌、颜昌颐同志组成前敌军委，由你担任书记一职，立即赶赴九江，开展起义的前期联络和准备工作。"

听到这里，聂荣臻激动地说道："能够得到组织的信任，我一定如期完成工作，保障起义顺利进行！"

周恩来握住聂荣臻的手，说道："去到九江后，要尽快通知我们的同志，让他们了解中央的意图，做好起义的准备。但具体什么时候起义，要等中央的命令，绝对不能擅自行动。"

面对如此艰巨和危险的任务，周恩来放心不下，临行前又对聂荣臻嘱咐道："此行千万小心，不可冒险行事。到九江后可先通知叶挺同志。"

聂荣臻点头道："您放心，我会见机行事，完成好党交给我的任务。"随即，聂荣臻带着周恩来的叮嘱、组织的任务，和其他同事一起赶赴九江一带，积极组织和联络起义部队。

到九江后，聂荣臻首先找到叶挺的部队，向他报告了党中央在武汉的决议。随后，他又联络其他部队，向部队负责干部秘密传达中央的决定。聂荣臻向部队负责干部讲明形势："国共分裂了，国民党蒋介石、汪精卫集团代表的都是大地主、大资产阶级的利益，只有中国共产党是为广大工农群众的利益而奋斗。现在蒋介石、汪精卫已经把屠刀对准了革命人士，我们要想继续革命就没有别的选择，只有武装起义这一条路。"

大家听后纷纷表示："对，不武装反抗就没有出路！"

聂荣臻又交代道："你们先暗暗做好准备，一接到中央命令，就立即行动。"

顺利完成九江的任务后，聂荣臻又根据周恩来的指示，前往马回岭，秘密策反和掌握驻扎在这里的第四军二十五师。第四军二十五师的师长李汉魂有严重的反共倾向，是个国民党反动派。但是第二十五师七十三团团长周士第是共产党员，而且第七十三团是由北伐战争时期战功卓著、作战英勇的叶挺独立团改编而来的。

聂荣臻心想：如果能争取到这支部队，对南昌起义非常有利。可是李汉魂对周士第的第七十三团本来就有戒心，现在自己贸然到部队中去，势必会引起他的怀疑。眼看起义时间越来越近，可是策反部队的任务还没有一点头绪，聂荣臻急得像热锅上的蚂蚁。

经过几天思考，聂荣臻想出了一个主意："既然他们看得紧，那就以打野外（野外军事训练）为名义，把队伍带出来。"

为了麻痹敌人，在正式行动前，聂荣臻和周士第一起进行了

根据周恩来与聂荣臻事先的约定，南昌起义战斗打响后立即从南昌发一列火车到马回岭，以告知驻扎在那里的第四军二十五师的同志。图为马回岭车站

几次小规模的打野外，每次结束后都把部队完整及时地带回去。这样反复进行了几次，敌人逐渐放松了警惕。

8月1日，在得知南昌起义胜利的消息后，聂荣臻趁着第二十五师师长李汉魂开会时，利用午休时间，把第七十三团和第七十五团的3个营以及第七十四团重机枪连从驻地拉出，向德安进发。同时还决定，如果有人阻挠起义就坚决镇压；如果敌人追赶拦截起义部队，就坚决消灭。

起义部队按计划秘密行动，可当部队接近德安车站时，不知道从哪里得知消息的张发奎带着第二十五师师长李汉魂和卫队营匆匆赶来了。

张发奎在车门口大声喊："你们在干什么？立即停止行动。"

"怎么办？"周士第问聂荣臻。

历史小百科

马回岭火车站

九江马回岭火车站是京九线上的一个小站,且已停运多年,但它却为研究当地革命斗争历史提供了极其宝贵的资料。拨开历史的尘埃,它竟是1922年修建江西第一条铁路——南浔线时的站房,更是国民革命军第四军二十五师挺进南昌的出发地。

马回岭车站1987年被公布为省级文物保护单位,2010年进行全面修复,设立了九江县爱国主义教育基地。如今修饰一新的马回岭老火车站,不仅是人们喜爱的红色旅游景点,还是开展革命传统教育和爱国主义教育的好场所。

由于当时起义军还没有和张发奎完全决裂,但是又不能让他干扰起义,所以聂荣臻当机立断,决定先下手为强。他果断回答:"打!""叭!叭!叭!"枪声顿时响了起来。

张发奎、李汉魂见势不妙,急忙跳下火车落荒而逃。张发奎的卫队营被起义军团团围住,慌忙中他们连声说道:"不要误会,我们是总部的呀!"

"一点儿也没误会,正是要缴总部的枪!"起义军说道。

在德安车站,各部队党的负责人向全体官兵宣布了党的决定:"同志们,我们的任务是执行前委的指示,到南昌去,建立我们自己的武装!"

大家听后激动不已,迅速登上火车,向南昌进发。

8月2日拂晓,聂荣臻带着策反的3000人赶到南昌。周恩来高兴地说:"行动很成功!没想到这样顺利,把第二十五师大部分都拉来了！"

就这样，临危受命的聂荣臻凭借自己的非凡智慧，单枪匹马独闯敌营策反了一支部队，为南昌起义部队注入了新的血液。

1927年8月1日，从南昌开来的火车一到，聂荣臻、周士第、李硕勋立即率领第四军二十五师大部在马回岭起义，行进至德安火车站，收缴了前来追击的张发奎卫队营的枪械，于8月2日抵达南昌。图为德安车站旧址

"郭主任"遇险
郭沫若星夜赶赴南昌

见证起义的木箱

在南昌八一起义纪念馆的展厅里,有一只看似普通却又珍贵无比的带锁木箱,箱面已褪色,有磨损。为什么会有一只这样的木箱?它的主人是谁?又和南昌起义有着怎样的联系?

1927年,在国难当头的危机时刻,革命人士纷纷拿起手中的武器,为信念战斗。大文豪郭沫若毅然投笔从戎,将他的一腔书生豪情倾注于革命烈火之中。而与英雄城南昌的结缘,则成为他戎马生涯的一个重要起点。

南昌起义时,郭沫若和第二方面军总指挥张发奎一同驻扎在九江,担任北伐军总政治部副主任兼第二方面军政治部主任,可以说位高权重。但郭沫若早已识破蒋介石的反革命阴谋,在得知南昌起义的消息后,他非常高兴。不过此时他并不清楚张发奎的态度如何，所以喜出望外之际不免有些顾虑。

经过打探，他了解到：张发奎已经和汪精卫站在一起，肯定是不愿跟着共产党走。于是他便主动辞去政治部主任一职。张发奎也明白郭沫若是位革命人士，国民党是留不住他的。两人已是貌合神离。经过商量，两人决定："解散政治部，任由部员去留。"同时，张发奎还请郭沫若给南昌方面捎去几点意见，希望起义部队尽快撤出南昌，以免兵戎相见。

为了尽快赶往南昌，郭沫若只用了半天就解散了政治部，当天晚上与李一氓、阳翰笙、梅龚彬等人一起，从九江火车站出发，星夜赶往南昌。

此时去南昌的火车已经没有了，郭沫若只好找到了车站的铁路工人询问有什么方法可以去南昌。

"这个……长官，您看，天都已经黑了，已经没有去南昌的列车了。而且听说涂家埠以南有一道铁桥还被炸断了。"

郭沫若焦急地说："能不能帮忙想想办法？我们有急事赶往南昌。"

郭沫若担心若不及时赶往南昌，部队可能已撤离了。但列车行驶是有规定的，铁路工人无法重新调配一辆列车专程送郭沫若去南昌。见郭沫若等人着急的样子，反复商量后，铁路工人决定用手摇车把他们送到南昌。

8月4日上午，当郭沫若一行乘坐手摇车到达涂家埠车站时，看见这里停有一辆火车，车上的几节车厢里挤满了从南昌退败下来的散兵，还有好些服装不整的兵拥挤在月台上。这些散兵被起义军部队缴了械，准备去九江找张发奎的部队寻求援助。

郭沫若心想："如果他们去九江只会增加张发奎的兵力，这将对起义军极为不利，必须想办法阻止。要是能让这趟列车再开回南昌，就能把这些士兵带给起义部队，壮大革命力量了。"

于是他下车到站台上找到了站长："您好，能否让列车开回南昌？"还没等站长回答，突然一帮散兵就围了上来。他们看到郭沫若足蹬皮靴、腰间佩带着勃朗宁枪，断定他是个大官。可听到他要站长把列车开回南昌去，就明白郭沫若并不是自己人，他是在帮起义军，于是纷纷围上来。

"打他！"带头的官兵喊着，"把他枪下了！"

历史小百科

郭沫若脱离蒋介石

1927年3月6日，赣州总工会委员长、共产党人陈赞贤被杀害。蒋介石到安徽安庆后，3月23日又发生了暴徒袭击国民党安徽省党部和各合法民众团体的事件，打伤了6个人，剥去外衣，拖出来游街，说他们就是"共产共妻"的赤化分子的榜样。这些事件的发生，开始时郭沫若并不知真相，后来得知，原来这都是蒋介石一手策划的。蒋介石公然破坏国共合作，刽子手的面目已彻底暴露。在此情况下，郭沫若决心脱离蒋介石，由水路转赴南昌，借住在第三军军官教育团团长朱德的家中。

散兵们一哄而上，一边大声叫嚷着，一边野蛮地对郭沫若动起手来。

郭沫若大声喊道："你们这帮土匪，快住手……不要动我的枪。"虽然他不顾一切地护着枪，但是好汉难敌四手，加上他又是个文弱书生，在挨了无数拳脚之后，皮带被拽断，眼镜被打碎，就连手表、自来水笔也不知道被哪个野蛮的散兵抢走了。在推推搡搡中，李一氓等人也被挤到了一边。幸好开车的哨声响起，已有收获的那群散兵才丢下他们上车离开。

空荡荡的月台上，只剩下郭沫若等人两手空空地站在那里，成了名副其实的几条"光棍"。几个人拍了拍身上的灰尘，整理整理被扯破的衣服，相视一笑。

"没死总算是不幸中的大幸，革命的路我们还是要走的。"郭沫若说。

"对，咱们抓紧时间上路吧。"大家说着。

郭沫若等人又重新坐上了手摇车，路途中，郭沫若和李一氓苦中作乐，把这次的遇险事件凑出一副对联。上联是"郭主任腹背面受敌"，下联是"李秘书上中下俱伤"。讲到这儿，手摇车上的几人都哈哈大笑起来。

8月4日深夜，几经周折的郭沫若一行才到达南昌。告别铁路工人后他们迅速赶往起义军的总指挥部——江西大旅社。在这里见到了周恩来、贺龙等起义领导人。当了解到南昌的情况后才得知，自己不仅被列入了革命委员会委员、主席团成员，同时被委任为宣传委员会主席兼政治部主任,但此时的他还不是共产党员,却被委以重任,郭沫若深感党对自己的信任和身上的责任重大,他表示:"只要党相信我,我一定竭尽所能把工作做好。"

周恩来见到郭沫若一行如此狼狈,便赶忙询问情况。在听说郭沫若一行来南昌途中被"抢劫"的经过后,贺龙便要叫军医过来。郭沫若忙说:"不碍事,大家都忙,不用麻烦了。"周恩来忙给郭沫若送来了一套蓝布军装。

第二天,郭沫若以焕然一新的面貌,与周恩来、贺龙、恽代英等率大军离开南昌,浩浩荡荡向广东进发。部队到达瑞金时,郭沫若和贺龙一同加入了中国共产党。

南昌八一起义纪念馆藏品:郭沫若的木箱

郭沫若当时随身携带的这只小木箱是他在南昌起义时期使用过的,也是其参加南昌起义的历史见证。此后,这只小木箱一直紧随其身,用来放置他的贴身物品,也装载着郭沫若在革命低潮期抛开个人得失,依然追随革命的伟大情操。

"八老"之首

八一老兵徐特立

南下"八老"

南昌起义不仅是年轻志士的报国之举，也凝聚着一批革命老战士的坚定信念，当年南下途中就有这样八位革命老前辈：谭平山、彭泽民、林祖涵、廖乾五、方维夏、徐特立、高语罕、姜济寰。下面我们来了解其中的一位——徐特立。

徐特立，湖南长沙人。他不仅是我国近代著名的革命家、教育家，也是毛泽东和田汉等著名人士的老师，是一位坚强的老战士。他在 1927 年大革命失败后，拒绝了反动派的拉拢、利诱，冒着砍头的风险毅然加入了中国共产党，成为一名坚强的共产主义战士，那年他 50 岁。

当时在武汉的徐特立遇见一位教育界的朋友，朋友告诉他革命已经失败，劝他尽快离开，另谋出路，并拿出一笔钱给徐特立作为路费。徐特立听后十分生气，当场把钱退给朋友并且义正词严地说:"革命成功的时候,多一人少一人无所谓,正是因为革命失败了,我们才得干。逃跑算什么!"说罢,头也不回地走了。

起义前夕,中央原本准备利用徐特立在湖南教育界的影响,安排他回老家开展工作,但得知要举行武装起义的决定后,徐特立再也坐不住了,他向中央申请改变回湖南的计划,要求前往南昌参加起义。

虽然徐特立意志坚定,但毕竟已年过半百,中央放心不下便劝他留在后方。徐特立表示:"虽然我年纪大,但是腿脚灵光、行动敏捷,不仅可以行军打仗,还可以做思想政治工作,保准不拖后腿!"看到徐特立如此执着,中央便批准了他的请求。

得到党组织的批准后,徐特立和方维夏、张国基、易礼容一行四人化装成商人,先乘小火轮到九江,再转乘火车赶到南昌。

当时的南昌,正处在革命力量与反革命力量搏斗的前夜,气氛非常紧张。国共双方都在极力争取江西省政府的地方武装。早在六七月间,江西省省长朱培德便离开南昌,委托姜济寰代理省长之职。鉴于姜济寰的地位和影响力,他的态度和行为对于起义能否顺利举行有着举足轻重的影响。

派谁去争取姜济寰,让他参加起义?这一直是让周恩来头疼的事。

让人没想到的是,在这场不见硝烟的战斗中,徐特立来得非常及时,也非常关键。原来他和姜济寰是湖南老乡,两人关系很好,有着非同一般的交情。

徐特立将他与姜济寰的关系告诉了周恩来，经过商量后党组织决定利用徐特立、林伯渠与姜济寰的旧友关系，让两人去做姜济寰的工作。

徐特立写了一封信，派人送到江西省政府。收到老友来信的姜济寰马上派人接徐特立到自己的公馆去住。徐特立见老友如此重情，欣然前往。

7月28日，徐特立、林伯渠来到姜济寰公馆，一番寒暄问候过，林伯渠直入主题，他向姜济寰说明现在的革命形势，开门见山地表示："先生你在国民党内是很有地位的人，参加我们的队伍，同样会很有地位的。"

八一小博士

徐特立的八一情

1966年，89岁的徐特立重回南昌，题词写道："八一之前老学生，学书学剑两无成。而今重话南昌事，我是当年一老兵。"

徐特立在革命最低潮时加入中国共产党并参加南昌起义，在他的革命生涯中对于民族和人民的事业，始终抱着无限忠诚，并为此奋斗终生。

徐特立随即说道："咏洪（姜济寰的号），咱们已是相识多年的好友，你的为人我最清楚了。如今的国民党内部腐朽不堪，他们对内残酷屠杀共产党人和革命群众，对外卖国，置国家利益和百姓生活于水火之中，姜兄定不会和他们为伍的！现在，中国共产党要在南昌起义，就是以实际行动公开反抗国民党反动派，创建一支代表人民利益的军队。如果姜兄能加入起义部队，那我们一定会如虎添翼的！"

姜济寰听后表示："我虽然没有大才大智，但是非黑白分辨得明白。师陶（徐特立的字）不必多说，我也会跟着共产党走，同你一起共患难！"

徐特立高兴地说："我们都参加起义，这对湖南教育界将是很有影响的。"就这样，在徐特立的动员下，姜济寰也参加了南

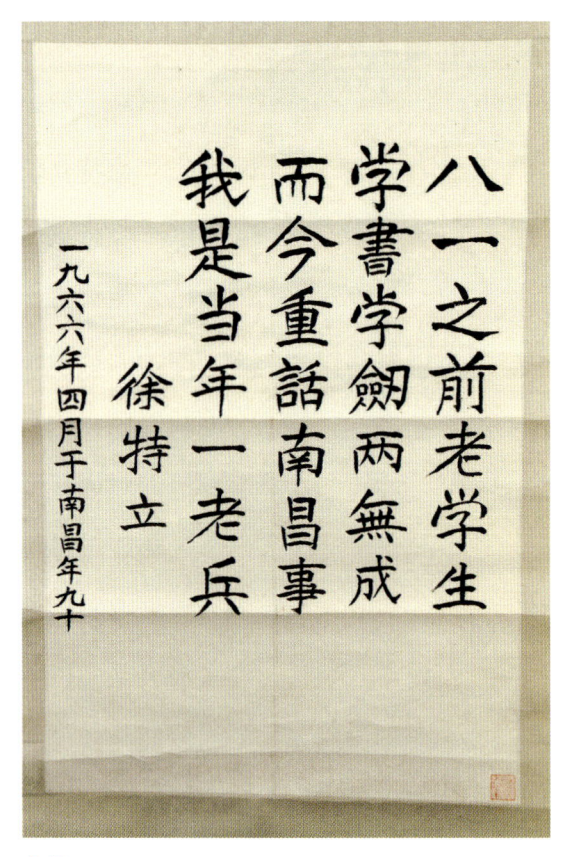

徐特立题词

昌起义。

起义后，徐特立被编入第二十军三师担任党代表，随军一起南下。南下途中徐特立充满革命乐观主义精神，他不顾劳累，经常给战士们唱《国际歌》，讲革命故事，使部队在行进中增添了不少愉快的气氛。他总是走在队伍最前面，和年轻的战士一样扛着装备、背着物资。

起义军溽暑南下，积劳成疾的徐特立病倒了，发烧烧得很厉害，也因为年纪大，身体显得特别虚弱。但他坚定乐观的心态，却让人一点儿也看不出他是一位重病的老人。

部队到达福建汀州后，徐特立便在福音医院接受救治。当大家听说他已经50岁了，而且刚刚加入中国共产党参加起义的时候，都很惊讶。他却笑着说道："50岁正是做事业的时候。我起码还能有三四十年好为党工作呢！"

等待病情好转后，徐特立继续随部队南下作战，他参加指挥守卫潮州的战斗，并亲自外出筹款，解决部队的粮食问题。起义军主力失利后，他从甲子港坐船到广州，经香港到达上海。

1934年，徐特立以57岁的高龄参加了中国工农红军二万五千里长征，他以超人的毅力翻越终年积雪的大雪山，走过了人迹罕至的草地，克服了难以想象的艰难险阻。

医疗传奇

傅连暲治愈陈赓伤腿

陈赓祝寿

陈赓是共和国开国十位大将之一，他战功卓著、足智多谋，令敌人闻风丧胆；他幽默风趣、平易近人，对同志情同手足。这样一位深受人民敬佩又极富传奇色彩的将军，在每年的中秋节都会登门给傅连暲祝贺生日。这其中有什么样的故事？他和傅连暲之间又有着一段怎样的革命情谊？

位于福建长汀的福音医院是20世纪初长汀规模最大、设备最好的医院。这原本是1908年由一位英国基督教徒以个人名义开办的一家医院，但在"五卅"反帝运动的冲击下，英籍医生、护士逃走，助理医生、基督教徒傅连暲被推为院长，并将其改名为福音医院。

南昌起义爆发后，随着部队南下作战，300多名起义伤员被转送到汀州，院长傅连暲不但没有走开，而且是连夜组织救治。一天，傅连暲正在吃饭，一位护士匆匆跑来说："院长，有一位

福建长汀福音医院

营长在战斗中腿骨被打断，情况严重，需要赶快救治。"傅连暲连忙放下碗筷，赶到病房。

只见一位20多岁的青年躺在病床上，伤腿肿得厉害，红而发亮，皮肤薄得像纸一样。因为流血过多，他脸色焦黄，非常虚弱。可他毫不在乎，不时发出朗朗笑声。这个青年，就是参加南昌起义不幸负伤的陈赓。

当傅连暲把陈赓腿上绷带解开时，在场的每一位医护人员都惊呆了："伤口周围的皮肉已经腐烂，白茬茬的骨头露在外面，散发着恶臭。"

一位医生小声说："不锯掉是不行了，可能会有生命危险。"

医生这句话对陈赓来说如同晴天霹雳，大声说："医生，不能锯！在战场上不能没有腿。我是革命军人，我的生命就是战斗。

如果不能战斗，活着还有什么意义！"

"的确，对于军人来说，失去腿就等于在要他的命。"看着陈赓这么年轻有活力，通情达理的傅连暲说道，"那就用保守疗法试试！但保守疗法比截肢风险更大，受的皮肉之苦更多，你要做好心理准备。"

"只要能保住腿，啥苦都没关系。"陈赓仿佛看到了希望，爽快地回答。

为此，傅连暲和其他医生商议采取保守疗法替他治疗，每天

历史小百科

"红色华佗"傅连暲

傅连暲，1894年出生于福建省长汀县。从长汀一中毕业后，进入长汀福音医院的亚盛顿医馆学习，1925年出任长汀福音医院院长。1927年8月，南昌起义军路过长汀时，曾收留起义军的陈赓、徐特立等数百名伤病员在福音医院治疗。

1932年1月，创办"中国工农红军中央看护学校"，培训60多名红军医务人员。同年秋，应毛泽东的建议，将福音医院改名为中央红色医院。1933年初正式加入中国工农红军，并将医院迁往瑞金，该医院成为中央红军第一个正规医院。1934年10月参加长征，以他的精湛医术保障了毛泽东、周恩来、朱德、刘伯承等大批中央领导和战士们的健康，在军中有"红色华佗"的美誉。1949年以后，历任中央卫生部副部长，中央军委总后勤卫生部第一副部长。1955年被授予中将军衔。

都为他消毒，用夹板固定。同时拿新鲜牛奶给陈赓喝，增强他的抵抗力。总之是想尽种种办法，避免截肢。为了让伤口愈合，傅连暲几乎每隔一段时间就要用手术刀刮去陈赓腿上的烂肉。当时没有麻药，每做一次手术陈赓都钻心地疼，那情景简直让医生、护士不忍目睹。但在清理过程中，陈赓非但没喊一声痛，还假装像没事人一样和护士讲话。

在这样细心而谨慎的医疗护理下，两个月后，陈赓的腿奇迹般地好转起来。病房里又传出了欢声笑语，他打趣地说："我在战场上负伤从来不进医院。打惠州时，一颗子弹钻进我的小腿，我就把它抠出来继续往前冲……我这腿是神腿！"

"那你这次怎么进了医院？"护士反问道。

"这些个王八蛋们嫉妒我这个快腿呀，不把它打断不甘心啊！"陈赓笑着回答。

"可我们听说你是在会昌战斗中受伤，是一位女战士整理战

福音医院的显微镜

第三部分　群英璀璨耀中华

149

场时发现了你。为了救你,她背着你一口气跑了好几十里呢!"

"快给我们讲讲是怎么回事吧!"护士好奇地说。

"在打会昌时,我所在的第二十军三师六团一营作为先头部队,和钱大钧的部队交上了火。原本我军是计划24号一早攻打城内的敌军,但是主力部队走错路,一直没到。我们就想着,不能白白浪费大好的战机,我们相信起义部队肯定很快就能赶到,所以决定主动出击。"

"你们这是以少打多,很危险的!"一位护士紧张地说。

"钱大钧派出了4个精锐团来拦截我们,我们虽然人少,但各个作战英勇。大家一鼓作气攻下了三个山头。眼看已经到中午,后续部队还没到,子弹也差不多打光了。为了保存实力,就决定暂时撤离战场。谁知道,在掩护部队撤离时被敌军打中左腿,受伤后根本走不动。"

"为了不拖累大家,我让大部队先走,不要管我。当时我的第一反应就是赶紧把身上的制服脱了。"陈赓继续讲着。

"为什么要脱制服?"护士们不解地问。

"因为国民党部队为了发洋财,在整理战场时会搜查士兵口袋。如果被发现我还活着,那就死定了!"陈赓解释道。

"哦!原来是这样。"大家恍然大悟。

"后来我从山坡上滚了下去,跌进一块深草的田沟里。我用手把腿上的血涂了一身一脸,希望能骗过敌人。"

"当时你害怕吗?"旁边病床的一位战士问道。

"倒是不害怕。只是一想到要是被敌人发现，自己准得死。一想到革命才刚刚开始，想到一起革命的战友便有种说不出的滋味……"

"后来怎么样？"大家继续追问。

"没过多久，果然有敌人来四处搜查，当他们靠近我的时候，我咬紧牙关，屏住呼吸，准备一死。结果，他们只是在我身上踢了一脚就走了。"

"真是有惊无险，还好没被发现。"大家听着陈赓的讲述，悬着的心也放了下来。

"后来由于失血过多我便晕了过去，等醒来后发现自己已经在起义军的驻地了。经过打听才知道是一位女兵在打扫战场时发现了我，一路把我背回来，真是不容易啊！后来的事你们都知道了，多亏了这位女兵和你们，我才保住了命，保住了这条腿！"陈赓感慨道。听完陈赓的经历，大家都对他的机智勇敢深表敬佩。

出院那天，陈赓紧紧握住傅连暲的手，激动地说："谢谢你，傅医生，你是我遇到的第一个同情革命、爱护革命战士的医生。"

许多年后，陈赓仍心怀感激，在每年中秋节傅连暲生日时都会登门祝贺，如果在外地就一定会写信祝贺。直至陈赓去世前还叮嘱家人："每年中秋，一定不要忘记给傅医生祝寿。"

不爱红装爱武装

人民军队里的第一批女兵

革命洪流中的女兵

1926年秋冬，诞生了中国历史上第一批在正规的军事政治学校中接受革命教育和军事训练的女兵——中央军事政治学校武汉分校女生队。徐向前同志曾为她们题词：武汉中央军事政治学校女生队，是中国民主革命中一支坚强队伍，妇女解放运动的模范。

一说到南昌起义，人们马上就会想到铁血男儿的身影，而鲜为人知的是，这期间还活跃着一支女兵队伍。在南昌八一起义纪念馆，有这样一幅特殊的照片，照片上的这群人，齐耳的短发在大檐帽下蓬松着，腰上束着皮带，绑腿打得规整自然，既有军人的气质，又有着女性的柔美。这30多人，因为参加南昌起义，成为人民军队中的第一批女兵。她们其中大部分是中央军事政治学校武汉分校女生队的学员（黄埔军校第六期），少数是廖仲恺夫人何香凝创办的妇女训练班的学员。

女兵在当时中国社会出现,确实是一件不同寻常的事。曾任中央军事政治学校武汉分校女生指导员的彭猗兰回忆:当时妇女离开家庭去上学已是少见,更不要说去当女兵了。在几千年封建积习很深的中国社会,可以说人们是以诧异的眼光来看我们。女生们决定来报考,离开家庭,录取后报到,穿上学兵的灰色军服,参加庄严的典礼,和男生一样进行正式训练,剪发、背枪、列队走在武汉三镇的大街上,唱着革命歌曲,喊着反帝、反封建、反蒋的口号,刷标语,散传单,作演讲,演话剧,进工厂宣传……这些都是女兵从前做梦都不曾想到的新鲜事。

南昌起义胜利后,骄阳似火的三伏天,女兵们跟着队伍行进在南下征途中。她们主要从事文书、财务、宣传、救护等工作。谭勤先、杨庆兰、王鸣皋,因身体强壮、表现英勇,有关她们的故事一直被津津乐道。

谭勤先机智斗敌

8月中旬,起义军南下时行进至抚州宜黄,部队驻扎在城外的一座破庙附近休息,庙四周没有围墙,被高低不齐的树环绕着。那天,谭勤先被安排站岗,忽然听见一阵阵脚步声,她警惕地蹲下身子观察情况。原来,一小股携枪的士兵正从西面走来。怎么办呢?时间由不得她多想了。她当即以当天的口令试探对方,一连问了三次,对方都毫无反应。她认定这是敌人，决不能放跑他们！于是，她一面招呼着破庙附近的战友，以此来震慑敌人，一面以恐吓的口气大声喊道："缴枪不杀！你们被包围了！"敌人顿时慌了手脚，乱作一团，有的就地隐蔽，有的调头便跑。这时，起义部队闻声迅速出击，敌人最终缴械投降。事后，出于对同志的关爱，支部书记王海萍批评了她："为什么不早来报告？要你一个人冒险，万一你被敌人杀了，我们还不知道呢，以后千万不能这样冒失了。"尽管受到批评，但不少战友对她机智勇敢的行为投来赞许的目光。

1927年7月下旬开始，中央军事政治学校武汉分校女生队30余名学员陆续来到南昌参加起义，成为人民军队中的第一批女兵。图为中央军事政治学校武汉分校女生队合影

杨庆兰勇救陈赓

17岁的杨庆兰是女兵里年龄最小的。别看她年纪小，身体却特别结实，便由宣传工作转为救护。战场上，杨庆兰为了抓紧时间抢救战友，经常把自己的安危置之度外。一个伤员体重100多斤，她背起来能上山下山跑上几里路。8月下旬，会昌战斗后，我军伤员很多，这下忙坏了小庆兰，她一会儿背，一会儿抬，一直忙

到下午4点多钟。正准备撤下山去时，杨庆兰突然发现不远处的草丛中躺着一位伤员，走近一看，是一个身穿背心和短裤的人。经过仔细辨认，这不是第二十军三师六团一营营长陈赓吗？他被敌人打伤了左腿，两处中弹，膝盖骨、脚腕骨被打折，血流了一地，已经昏迷不醒。她一看，二话没说，将陈赓一背而起。陈赓沉重的身躯压在她的肩上，杨庆兰步履蹒跚，一步一步艰难地向山下挪去。天全黑了，四周寂静无声，崎岖的山路也似乎没有尽头，走了一程又一程，杨庆兰感觉自己随时都有倒下来的可能。但此时此刻，她心里只有一个念头：一定要坚持住，千万不能有丝毫

历史小百科

女兵合影

当时中央军事政治学校武汉分校招收女生，不仅在中国是创举，在世界上也是少有的。远在莫斯科的斯大林同志得知消息，非常高兴，要军校全体女兵拍一张集体照送给他。于是，军校在1927年3月5日，也就是三八国际妇女节前夕，请武昌显真楼照相馆为女兵（住院、值勤的未参加）以及她们的队长、指导员、区队长共186人，拍摄了一张题为"中央军事政治学校武汉分校入伍生总队政治女生大队全体摄影"的照片。照片长86厘米，高24厘米，前后4排。女学员施祖谦珍藏着这张照片，历经各种艰险困难的岁月，舍不得销毁，把它埋藏在厨房煤炉下面，千方百计地保存下来。这是迄今保存于世的中央军事政治学校武汉分校女生队最完整，也是最珍贵的一张合影。

耽搁。于是她鼓足勇气，咬紧牙关，拼尽全力，终于将陈赓送到救护所。一放下陈赓，杨庆兰一下子瘫倒在地，半天都站不起来。后来，她和陈赓在上海从事秘密工作时，陈赓还笑着说："感谢你救了我一命，一个女孩子真不容易！多了不起啊！"多年以后，他们见面时，陈赓总是提起杨庆兰的救命之恩，也一直和这位大力气的女兵保持着深厚的友谊。

王鸣皋艰难转移

8月下旬，部队经过宜黄到达瑞金，和敌人发生激烈的战斗，我军伤亡很大。战后，部队出发进入福建长汀整训。王鸣皋则被留在瑞金，担任看护长，照顾伤员。这期间，给她留下印象最深的是一位受重伤的营长。当时缺医少药，无法治疗。王鸣皋只能在做过简单的伤口处理后，时刻守护在他身边，整夜按摩，以减少伤员的痛苦，一直到他安详地死去。看着年轻生命的逝去，她忍不住在病房外哭泣。每天都有伤病员不断进进出出，坚强的王鸣皋擦干眼泪，继续忘我地工作在医护第一线。

9月下旬，起义部队占领潮州，王鸣皋与胡毓秀被安排在潮州邮政局工作，主要负责检查来往的信件。9月25日，前来"围剿"的桂军突然攻进城内，随后，她们与部队失去了联系。在敌人进攻后的第二天一早，她俩被邮政局局长悄悄送到红十字会医院。一个穿短衣的工人把她们引到厕所间，她们一进门，发现里面还有一个人，一打照面，原来是女兵谭勤先。谭勤先原本被分配在电报局检查电报，战斗开始后，她急忙回营去，未曾想途中负伤，后被好心的老百姓送到了医院。

为避人耳目，那个工人在厕所门上挂了"女厕所"的牌子。就这样，王鸣皋等3人在医院厕所里潜藏了整整一个星期，每天都有专人给送来两顿糙米饭。日子很难熬，但王鸣皋却保持着乐观的情绪，她知道，共产党员在艰苦困难的时候要起带头作用。几天后，谭勤先负的腰伤基本痊愈。当她们得知这个医院收容的大部分是起义部队的伤员后，决定留在医院做看护，照看伤病员。

此时，她们的心情是悲喜交加，难过的是与部队失去联系，看不见许多朝夕相处的同志；欢喜的是在困境中又得到了许多好心人的帮助，现在又能为同志们做些事情。后来，在红十字会的帮助下，王鸣皋等人从潮州转移到汕头，登上了开往上海的轮船。

"中华儿女多奇志，不爱红装爱武装。"谭勤先、杨庆兰、王鸣皋，她们的故事只是众多女兵的缩影。周恩来曾赞赏她们说："女将们，你们这一路表现得很不错，又勇敢又有毅力。等我们打到广东站住脚以后，派你们到苏联去深造，专攻军事。"他还勉励说道："将来革命发展，要做的事情多得很。这一路看得出女同志能够和男同志同样过严格的军事生活，将来也能和男同志一样担负重要的革命工作……"后来，女兵们大多被党组织动员转移到地方，继续从事革命斗争，为革命事业奉献热血和青春。

第四部分

红色基因永相传

——铭记"八一精神"

斗转星移，日月如梭。南昌起义走过了90多年的风雨历程，虽然当年的枪声已远去，但8月1日这个特殊的日子却成为永恒的记忆；"八一"二字也在军旗、军徽上熠熠闪光。走进历经沧桑的旧址群，一栋栋古老的建筑、一张张珍贵的留影……我们仿佛置身于那段血与火的峥嵘岁月，真切地感受到先烈们坚贞不屈的信念和不忘初心的执着。

南昌起义，在中共党史和军史上都具有十分重要的意义，其中所凝聚和体现出来的"忠于信仰，听党指挥，敢为人先，百折不挠，为民奋斗"的革命精神，是中国共产党人极其宝贵的精神财富，激励着后人不断前行！

当代青少年应铭记"八一精神"，从小树立远大志向、胸怀美好理想，爱祖国、爱人民、爱学习、爱劳动、爱科学。青少年既是红色历史的学习者，又是身体力行的传承者。希望广大青少年在星星火炬的照耀下茁壮成长，把红色基因融入血脉，让红色基因薪火相传。

八一建军节由来

闪光的"八一"

1949年6月15日,中国人民革命军事委员会命令公布了中国人民解放军军旗和军徽的样式,正式确立了军旗、军徽的样式。"八一"二字,自此永久地镌刻在军旗和军徽上。

南昌起义发生在1927年8月1日。后来8月1日这一天就成了中国人民解放军的建军节,那么,这个日子的确定,经历了什么?

南昌起义,打响了武装反抗国民党反动派的第一枪,中国共产党领导的人民军队从此诞生。之后的数年间,中国共产党经历了艰难的战斗岁月,部队也一直处在动荡不安的游击战环境里。直到1931年,中央革命根据地进入巩固阶段,红军才安定下来。1933年1月,党中央迁入中央苏区江西瑞金,全国红军也逐步发展壮大。1933年6月26日,苏区中央局根据中央革命军事委员会的建议，提出在 8 月 1 日当天开展广泛的纪念活动。

巧合的是，因 1914 年 8 月 1 日爆发的第一次世界大战，导致 900 多万人死于战火，为此共产国际决定把每年 8 月 1 日作为"国际反战争斗争日"。这样，苏区军民把纪念国际"八一"与纪念国内"八一"结合在一起。

6 月 30 日，中革军委在瑞金正式发布了《关于决定"八一"为中国工农红军成立纪念日》的命令，指出："一九二七年八月一日发生了无产阶级政党——共产党领导的南昌暴动，这一暴动是反帝的土地革命的开始，是英勇的工农红军的来源。"同年 7 月 11 日，中华苏维埃共和国临时中央政府作出了《关于"八一"纪念运动的决议》，规定"以每年'八一'为中国工农红军纪念日"。1933 年 8 月 1 日，第一个"八一"建军节庆祝活动在瑞金盛大举行。这就是"八一"建军节的由来。

"八一"不仅被定为建军节，而且军旗、军徽上还带有"八一"标识，这又是怎么来的？

在解放战争时期，中国人民解放军于 1947 年下半年转入战略进攻，全国战局迅速发生了巨大变化。1948 年初的战局已清楚表明，我军不久即可取得全国的胜利。然而，这时全军还没有统一的旗帜。因此，设计统一的军旗、军徽，成为革命形势发展的迫切需要。

1948 年 2 月 21 日，周恩来提议，发给各中央局、各军区、各野战军前委及中央工委、中央后委，征求对设计全军统一的军旗、军徽、帽花和臂章的意见。电报发出后,各单位都积极参加了军旗、军徽样式的设计工作。经过近一年的汇集、研议和筛选,报送的军旗图案,一致为红底。有以大五角星象征中国共产党,以小五角星象征陆、海、空三军的;有以齿轮象征历史,以蓝水线象征河流的;也有以刀、剑、戈、矛、步枪、盾牌、长城象征人民武装的……但是,送审的图案中均无"八一"二字。毛泽东等人看过样本后,一致赞同红底、旗帜上有五角星的方案。同时,毛泽东还指出:"军旗上要有'八一'两字,表示南昌起义是建军的日子。"

历史小百科

中国工农红军的第一次阅兵

1933年8月1日,红一方面军总部在瑞金举行了盛大阅兵典礼。这是中国工农红军第一次庆祝自己的建军节,开创了人民军队建军节阅兵的先河。为迷惑敌人,阅兵组织者在距瑞金40公里的福建长汀设置了假阅兵场。凌晨3点多,几千个火把将阅兵场照得通亮。受阅队伍发挥夜行军的特长,从四面八方迅速抵达指定地点。阅兵首长有红军总司令兼第一方面军总司令朱德与红军总政委兼第一方面军总政委周恩来,另外还设有陪阅首长,包括红军总参谋长刘伯承、总政治部主任王稼祥和红一方面军参谋长叶剑英、政治部主任杨尚昆等。阅兵式分为五个步骤,分别是首长检阅、宣誓、授奖章、授军旗、阅兵分列式。这次阅兵,成为我军阅兵的奠基之作。

1949年3月5日，七届二中全会开幕，负责这项任务的工作人员把样旗挂在会场的墙上，并将各大单位报送军委的图样排在靠墙的几张桌子上。到会的中央委员们审议后，都表示原则上同意在军旗上加五角星和"八一"二字。3月13日，会议通过了毛泽东起草的七届二中全会《关于军旗的决议》，决议明确规定"中国人民解放军的军旗应为红地，加五角星，加'八一'二字"。这充分肯定了南昌起义在人民军队历程中的重要作用。

1949年6月15日，新政治协商会议筹备委员会开幕当天，

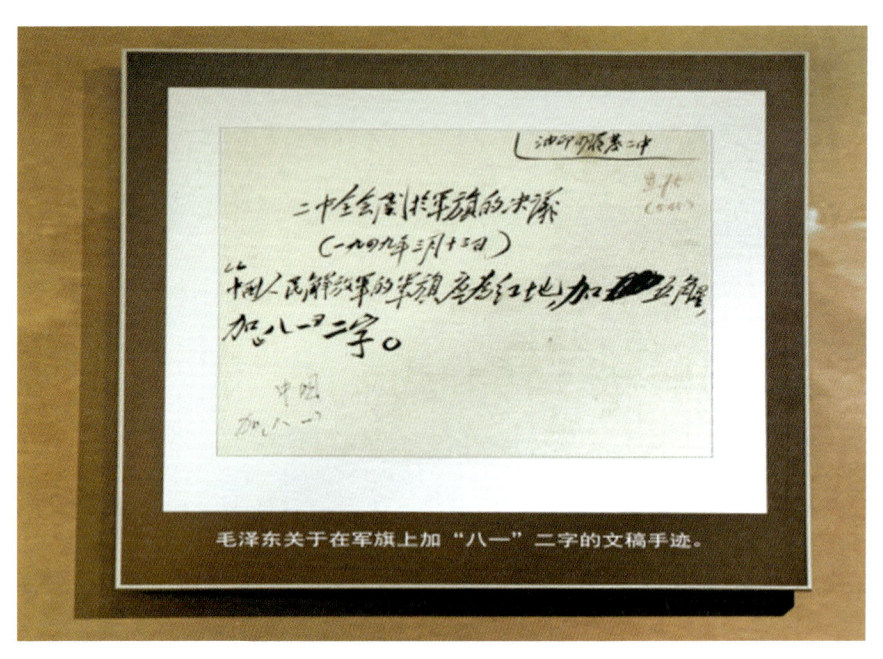

毛泽东关于在军旗上加"八一"二字的文稿手迹

中国人民解放军军旗

中国人民解放军军徽

以中国人民革命军事委员会主席毛泽东，副主席朱德、刘少奇、周恩来、彭德怀的名义，正式发布了《中国人民革命军事委员会命令公布中国人民解放军军旗和军徽的样式》的命令。命令中指出："中国人民解放军军旗为红地，上镶金黄色的五角星及'八一'两字，表示中国人民解放军自一九二七年八月一日南昌起义发生以来，经过长期奋斗，正以其灿烂的星光，普照全国。"报纸还公布了军旗、军徽的图样。图样中用"方格等分法"，标准地标明五星与"八一"的大小、位置和比例。

自此，军旗、军徽的样式确定下来，"八一"二字镶嵌在军旗、军徽上熠熠闪光。它是荣誉、勇敢与光荣的象征，鼓舞全军指战员团结奋进。

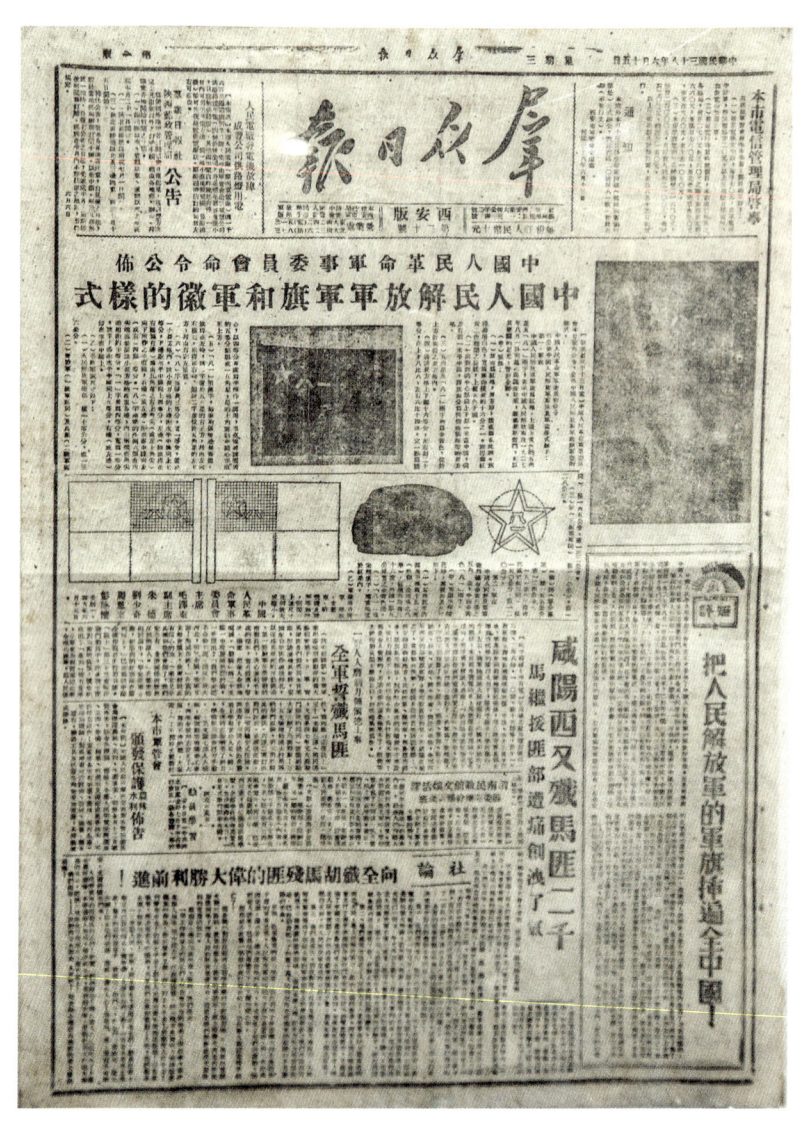

1949年6月15日的《群众日报》上刊载了《中国人民革命军事委员会命令公布中国人民解放军军旗和军徽的样式》的报道，确定了军旗、军徽的样式，并公布了样图

陈毅挥毫题馆名

南昌八一起义纪念馆"招牌"的来历

1958年9月5日，陈毅来南昌八一起义纪念馆参观时，应纪念馆工作人员邀请亲笔题写馆名。如今，"南昌八一起义纪念馆"这几个苍劲有力的大字，镌刻在纪念馆正大门的石墙上，折射出金色的光芒。

1958年，南昌八一起义纪念馆正在筹建，陈列仅对内开放。初秋时节，纪念馆的领导都已外出，大部分工作人员也赴外地学习，馆里只剩下几名讲解员值班。9月5日这一天，这里迎来了一位特殊的客人，他身穿白衣灰裤，脚穿布鞋，身材高大，只有秘书随行。纪念馆的工作人员只听说来的是一位首长，但都不知道究竟是谁。

他进入展厅后，看得十分仔细，并不时地指点着墙上的照片与秘书轻声交谈。在一幅照片前，他停下了脚步。这是一幅参加

陈毅题写的"南昌八一起义纪念馆"馆名

南昌起义的部分同志在皖南云岭新四军军部的合影。他轻轻地把照片从墙上取下来，一个一个地点着照片上的人给秘书看，并用带着四川口音的普通话念出他们的名字。这引起了工作人员的注意。一位讲解员迎上前去，请他帮忙把照片上的人名再说一遍。他说："你去找张纸，拿支笔来，我给你们写。"随后，他将一张写好的名单交给讲解员，说道："给你们作参考。"

参观完毕，讲解员像往常一样，请客人在题词本上留言。这位客人兴致很高，稍思片刻，便洋洋洒洒，一口气写下200多字。最后落款是"陈毅"。

此刻，讲解员才恍然大悟，面前的这位平易近人的首长竟然就是亲身参加南昌起义的陈毅元帅。他亲切随和，和讲解员聊了起来，他说："我是南昌人民的老朋友了，这是我第三次来南昌。南昌起义我只参加了最后一半，我在南昌起义中经历的事情，可以写几个小故事，但能够上纪念馆陈列的事情不多。"这几句话，让大家顿时放松了许多。

回忆起第一次来南昌参加起义的情形,陈毅元帅风趣地说:"我来南昌那一次,还是蛮紧张,蛮有意思的哩。我们连夜从九江出发,一路上敌人盘查很严,家家关门闭户,旅店也不敢收留当兵的。我们找小路往南昌方向走,一口气走了100多里,才在一个小镇找到一条船,经鄱阳湖到南昌。但8月6日到了南昌之后,叶、贺已经走了,满街都是国民党反动派的兵,到处喊着要杀共产党。"

当时陈毅和几个同伴没有住处,也不敢投店,处境非常危险,于是他决定连夜出城追赶部队。幸亏在城外10多里的渡口上,遇到了一个曾参加学联后回乡隐蔽的学生在看守渡船。他很同情陈毅等人的处境,于是把船划到江心,让他们安心地睡了一觉。第二天又划船把他

八一小博士

陈毅当指导员

临川脱险后,陈毅摸黑急走50多里,终于在宜黄再次赶上了起义部队。这时已经是8月10日了,周恩来与刘伯承商量后,分配他担任第十一军二十五师七十三团的指导员。周恩来说:"派你做的工作太小。你不要嫌小!"陈毅真诚地说:"什么小不小哩!你叫我当连指导员我也干。只要拿武装我就干!"这句话,也道出了陈毅对于中国革命要靠中国共产党独立领导的认识。让他特别高兴的是:要他去领导的团,正是由叶挺独立团的主力改编发展而成的"铁军铁团"。

第四部分 红色基因永相传

南昌八一起义纪念馆院景

第四部分　红色基因永相传

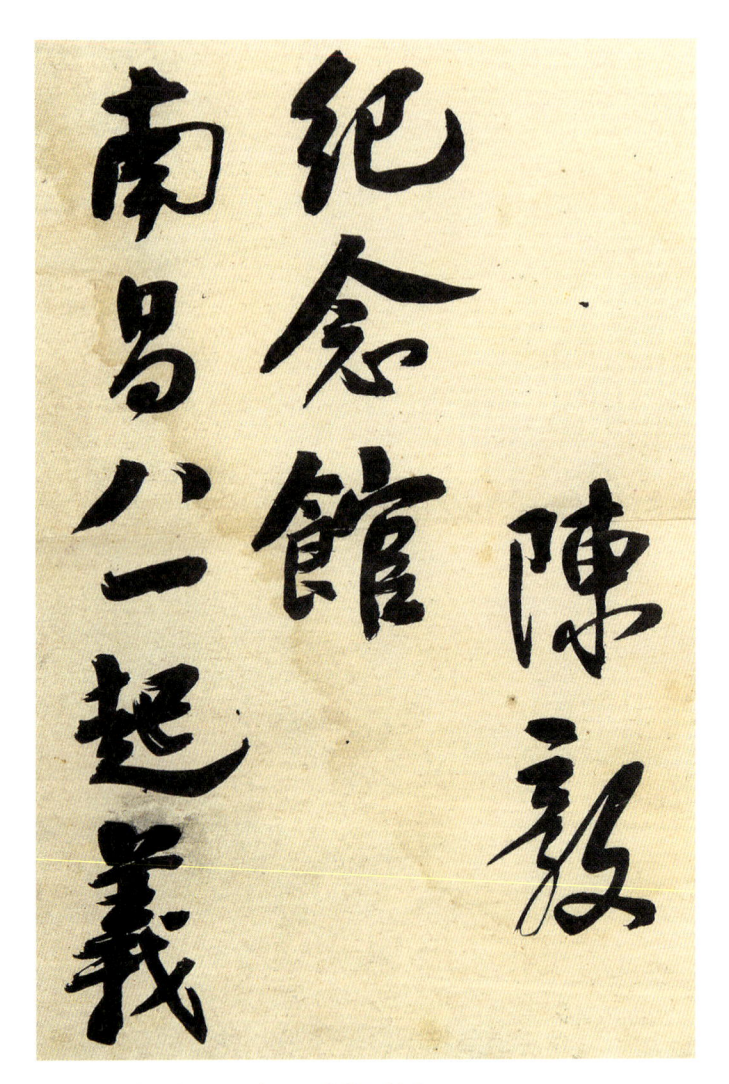

陈毅题写的"南昌八一起义纪念馆"馆名

们安全送到了离临川不远的李家渡。回忆起这段经历，陈毅元帅感慨地说："南昌人民真好啊，从平凡小事上可以看出人民对革命的真情。"

陈毅还给大伙儿讲了行至临川遇险的故事。他说："在临川，我们赶上了起义部队，见到了恩来、伯承同志。当时，有股土匪武装和我们接头，要求给他们几百条枪，我们可以派人去领导。前委考虑，部队缴获的枪支很多，天热背着枪南下也很累，可以给他们一些，当后面敌人追来时，他们至少可以起点牵制作用，便要我和另一个同志去做领导，结果受了骗。"当时，接头人把陈毅等人安排在临川一个旅馆里，说等会儿带他们去见土匪头子邓司令，但实际上这个邓司令只是为了骗些武器装备，并非真心革命。他们左等右等，等来的却是朱培德的反动军队。因为朱培德的部下多是云贵人，于是陈毅对敌兵说："你是云南人，我是四川人，我们是大同乡，都是当兵的。"幸亏他机智地打出老乡牌，才得以脱险。

陈毅元帅兴致高涨，在交谈中讲述了许多鲜为人知的八一故事。临别时，讲解员想到纪念馆处于筹建阶段，没有正式的馆名，灵机一动，提了个请求："陈副总理，给我们写个招牌咯！"陈毅一下子没弄清楚意思，问道："啥子招牌嘛？"讲解员解释说："就是想请您为纪念馆题写馆名。"陈毅欣然同意，当即挥毫，写下了"南昌八一起义纪念馆"几个大字。题完之后，他还谦虚地说："我的字不行，党内老同志中书法家很多，你们将来有好的，就把我的换下来吧！"

伟人留踪忆往事

心系南昌

南昌起义，走出了许多共和国的开国元勋和人民军队的缔造者。而南昌八一起义纪念馆，从筹建开始，就受到了老一辈无产阶级革命家、党和国家领导人的高度重视和亲切关怀。

周恩来故地重游

1961年9月18日，周恩来在江西省委第一书记杨尚奎的陪同下，来到南昌八一起义纪念馆视察。

周恩来身着一件褪了色的灰色中山装，精神饱满，神采奕奕。下车后，他走向起义的总指挥部大楼——江西大旅社，说："南昌起义都几十年了，这房子还是老样子。"又说："这地方我很熟悉，当时经常在这里开会和工作。"当时，周恩来抵达南昌的第一天晚上，住在朱德的住宅——花园角2号。第二天搬到系马桩附近的省立女子职业学校，他和前委其他成员一起，以"炮兵营"为代号，领导整个起义。

接着，周恩来来到位于一楼的喜庆礼堂，这是当年前敌委员会成立的地方。在随后的参观中，他不断回忆南昌起义的点点滴滴，告诉大家关于起义的其他几位领导同志，贺龙、叶挺、朱德、刘伯承等人当时的情况和故事。

在参观到第四陈列室时，周恩来对南昌起义的经验教训进行了总结，感慨当年没有就地闹革命，而是想带着部队南征广东，结果劳师远征，造成南下失利。他说："我们走了，人民群众是不高兴的。建立农村革命根据地，以农村包围城市，当时只有毛主席提出来。其他的人对这一路线不明确，甚至有的怀疑，有的反对。关键问题在井冈山，没有井冈山的斗争就没有今天。宣传南昌起义一定要讲到井冈山。"

参观之后，周恩来到休息室参观了题词。尤其是陈毅的题词，他看得特别仔细。负责摄影的同志端起相机，留下这永恒的一瞬。

临走前，周恩来在总指挥部旧址大门口与南昌八一起义纪念馆全体工作人员合影。大家都请总理站在前排，他却说："还是年轻人站在前排、站当中，你们是接班人嘛，接班人站前面。"大家推辞不过，只好依从了总理，而他却站在后面。

周恩来的轿车启动了。纪念馆的大门外围聚了不少的群众，都翘首以盼望着院内。这时，小车的窗帘被拉开，车窗轻轻摇下，总理向围在纪念馆周围的群众亲切地挥手致意告别。群众激动万

周恩来在南昌八一起义纪念馆内看陈毅的题词

周恩来与工作人员合影

分，向他招手，纷纷喊着："周总理好！周总理好！"

小车已经走远，围聚的群众却久久不愿离去，此情此景令人难忘。一位亲历此事的老人由衷地赞叹："周总理真不愧是人民的好总理。"

大年初二迎来75岁高龄的朱德

1961年年初，75岁高龄的朱德先后视察上海、浙江、福建、江西、广州等地，于2月13日抵达南昌，与英雄城人民共度新春佳节。

2月16日，农历正月初二，朱德携夫人康克清，在江西省委第一书记杨尚奎的陪同下视察了八一起义总指挥部大楼、朱德军官教育团旧址。

沿着熟悉的道路，朱德来到南昌八一起义纪念馆，他感慨地说："你们在这么短的时间里，收集了这么多文物资料，很不容易呀！"

看着一件件展品，朱德思绪万千，回忆道："我是1926年从德国回来的。11月，我到武汉，见到了党中央的同志，他们一致要我来江西工作，因为坐镇江西的总指挥朱培德是我早年在云南讲武堂的同学和护国军的同事，可以利用关系开展工作。到南昌后，我就着手创办第三军军官教育团，后又兼任南昌公安局局长。"

这时，身边有同志问："起义以前，您曾以请客名义，逮捕了两个敌团长，是真的吗？"他笑着说："有那么一回事，这也是起义作战计划的一部分。"

朱德参观南昌八一起义纪念馆

陈列柜中有一支手枪，枪柄上刻着"南昌暴动纪念　朱德自用"十个字。朱德看着说："这支枪是我用的，这种德国造的手枪，当时我有两支，战斗中就用它。后来我刻了几个字，一直带在身边，直到全国解放，才把它捐了出来。"

当参观到起义部队南下广东的陈列时，朱德说："当时中央还想争取张发奎，但他没有跟我们来。另有两支部队，武汉警卫团和教导团，没有赶上起义，后来一个上了井冈山，一个参加了广州起义。"

讲解员说："每当我们向观众介绍您在天心圩的讲话时，他们都很受感动。"朱德笑了笑，说："那时候真困难呀，与中央失去联系，部队的目的地在哪里也不清楚，部队很涣散，开小差的很多。这时，我把一些同志请来，向大家讲了几句心里话：'只要有十几、二十几个人,我也要干下去,中国革命是一定会胜利的。'会后,大家的情绪高多了,坚持干下去的有800余人。"

参观结束,时间已近中午。在休息室,朱德兴致勃勃地看了一些领导同志的题词。随后,他又到朱德军官教育团旧址参观,并说:"房子还是老样子,室内陈列大致是这样。"

分别时,朱德又亲切地对纪念馆的同志说:"以后到北京,如果有机会,我找一些老同志回忆一下,写点东西给你们。"

1962年6月,朱德与陈奇涵、杨至成等谈话,并整理出《从南昌起义到上井冈山》的回忆文章,为后人了解南昌起义留下了珍贵的资料。

贺龙默默细数当年留在墙壁上的弹痕

1959年1月16日,贺龙在中共南昌市委第一书记郭光洲、市长吴云樵和江西省军区参谋长李国良的陪同下,参观了第二十军指挥部、南昌起义总指挥部旧址等地。

上午9时,贺龙首先来到子固路小学(即第二十军指挥部旧址)。正是孩子们上课的时候,他轻轻地从教室外走过,穿过小圆门,走进礼堂。他看了看,笑着说:"这是战士们开会的地方,还是原来的样子,没有变。"

贺龙走进当年的办公室和卧室。这里已经恢复了起义当年的布置:办公室放着几张藤沙发椅,墙角安了一部老式的手摇军用电话，桌上放了一套他用过的瓷茶杯；会议室有一张小圆桌，摆着10把红漆椅子。1927年7月30日下午，贺龙在这里召开了营长以上的军官会议，宣布起义计划。

卧室有一张帆布的行军床、一张书桌和一个书架。工作人员指着每一件陈列品请贺龙鉴定。贺龙边回忆边说："桌上没有织花台布，会议桌是长方形而不是圆形的。"他亲自把行军床移向书架，并说："我的习惯是床头靠近书架，晚上拿书方便。"他又拿起一个青铜小烛台，问："你们知道这是干什么用的吗？"有人说放笔，有人说是烟灰缸。贺龙笑着揭开谜底："这是放蜡

历史小百科

贺龙的警卫连连长——黄霖

在贺龙指挥部的后院，有一座墓碑正对着窗户。这雅致的小楼内，怎么会有一座孤坟？主人又是谁？他就是贺龙的警卫连连长——黄霖。

黄霖，原名罗永正，字直方。1904年出生于四川省新都县，1925年毕业于四川陆军讲武堂，1926年赴武汉投奔北伐军。从此，他的一生开始与贺龙结缘。南昌起义时，率领警卫连负责警卫工作。中华人民共和国成立后，他是首任中共南昌市委书记兼南昌警备区政委。"生要保卫贺龙，死也要保卫贺龙，在我百年以后，将我的骨灰埋在我陪贺老总曾经战斗过的地方。"根据他的遗愿，在1985年他病逝以后，部分骨灰安葬在贺龙指挥部院内。黄霖用生死相随、不离不弃的特殊方式，诠释着他和贺龙之间的革命情谊。

烛的，那时南昌下半夜没有电灯，就用这个。"

随后，贺龙来到操场，在围墙上钉着两块说明牌，上面分别写着"贺龙同志在此开会"和"贺龙同志在此战斗"。他立刻说："30日的确是在这里开过会。但是，关于战斗，这样介绍不全面，在这里战斗的还有刘伯承、周逸群同志。那时，我还不是党员，他们代表党来第二十军工作，帮助我，改造这支部队。刘伯承同志是起义军的参谋长，逸群同志是我的入党介绍人。攻打敌总指挥部的这场战斗，是我们一起指挥的。"

当走出第二十军指挥部旧址大门时，贺龙看了一下当年激战留在二楼窗口的弹痕，他默默细数着："一个、两个、三个……"然后笑着告诉大家："是起义那天晚上打的。"

接着，贺龙又来到南昌起义总指挥部旧址。

上到二楼，在周恩来曾经工作的25号房间，贺龙轻轻踱步，深情地看着每一件陈列品，然后在沙发上坐下。他微笑着，心情愉悦地谈起了周恩来："起义是党领导的，而代表党来领导起义的是周恩来同志。恩来是党、军事、革委会的实际主要负责人，从大政方针到某些细小问题，差不多都要找恩来同志，他最忙。在介绍起义领导者的时候，要很好地反映他的活动，这样，才符合历史事实。"

在恽代英同志遗像前，贺龙默默地注视了很久。他惋惜地说："起义时，代英最受欢迎。南下时，好多地方都请他去做报告。他很能干，报告鼓动性大、感染力强。可惜了啊，可惜了啊！"

参观结束之后，贺龙拍照留念，带着依依不舍的心情离开了纪念馆。

基地展示新风采

旧址谱新章

1961年，南昌八一起义纪念馆所辖五处革命旧址——总指挥部旧址、贺龙指挥部旧址、叶挺指挥部旧址、朱德军官教育团旧址和朱德旧居被国务院公布为全国首批重点文物保护单位。如今的五处革命旧址不仅修旧如旧、恢复原貌，还增设了专题展览、历史手工教室等，充分发挥红色经典景区、全国中小学生研学实践教育基地、全国关心下一代党史国史教育基地的资源优势，积极开展革命传统教育和国防教育，打造全国一流爱国主义教育基地。

走进江西大旅社
——探寻一段历史

南昌是一座具有 2200 多年沧桑巨变的历史文化名城，也是一座美丽的英雄城，人民军队从这里诞生，它被誉为"军旗升起的地

南昌起义总指挥部旧址——江西大旅社

方"。漫步南昌街头，在繁华的中山路上有一座四层高的老建筑坐落在此。这就是著名的南昌起义总指挥部旧址——江西大旅社。

1927年8月1日，这里汇集了一批全国年轻优秀的革命精英，他们在此秘密策划，发动了震惊中外的南昌起义，打响了石破天惊的"第一枪"。领导起义的总指挥部就设在这栋旅社内。江西大旅社建成于1924年，由李晋笙、包竺峰、罗和仲三位商人共同集资40万元兴办。这是一所集餐饮、住宿、娱乐于一体的大型旅社，也是当时南昌城内最高、最豪华的大旅社。

江西大旅社外观设计独具匠心。银灰色的主体墙面，配着水泥浮雕花饰和彩色玻璃，具有欧式建筑风格的特点；大楼内有一个天井，这是典型江南民居的传统建筑特色，不仅有很好的通风采光作用，而且雨天时雨水顺着天井落在院内，有着"四水归堂"的聚财之意。四周的房间环绕天井排列，形成"回"字形格局。江西大旅社构思精巧，中西合璧的建筑风格浑然一体，不愧为"百年豪华大旅社"。

旅社共有四层楼，96间客房，按照房间大小和陈设不同分为一、二、三等房。一楼设有喜庆礼堂，专门给有钱人举行婚礼、办寿酒等庆典，陈设和布局令人赞不绝口。每当夜幕降临时，堂内的中式灯笼吊灯和西洋花式壁灯交相辉映、喜庆吉祥。二楼中餐厅又称江天大酒楼，每个包厢都以名贵花木命名，如红梅、玫瑰、碧桃等；三楼西餐厅，又称西江番菜馆，包厢的名字则以国外著名的城市命名，如伦敦、柏林、罗马等；屋顶设有摘星茶楼，

第 25 号客房——周恩来办公室

商人们谈天说地,联络生意;旁边还开设了泰新剧院,车水马龙,热闹非凡。这里吸引着一批批达官贵人和富商,成为他们聚会和休闲娱乐的宝地。

万万没想到,这样一个鱼龙混杂、热闹喧嚣的场所,竟成为南昌起义的总指挥部。1927年7月下旬,叶挺、贺龙部队先后到达南昌,其中贺龙部第二十军一师把江西大旅社整个包租下来。27日晚,以周恩来为书记,李立三、恽代英、彭湃为委员的南昌起义领导机构——中共前敌委员会就在大旅社的喜庆礼堂内成立。

在旅社二楼25号房间幽暗的灯光下,前委书记周恩来紧张地忙碌着。他经常彻夜工作,几乎没有时间休息。其他空置的房间,此时也成为革命人士开展活动的场所。他们在这里商讨斗争策略、交流经验，研究未来革命工作的开展，通宵达旦地书写标语和传单。起义胜利后，江西大旅社为革命委员会的办公场所，各种通告、政纲和宣言都是从这里发出的。

起义部队撤离南昌后，江西大旅社恢复如初，继续对外营业。中华人民共和国成立后，南昌八一起义纪念馆筹备处于1956年成立，并接管了总指挥部旧址。1959年10月1日，经过三年筹备的南昌八一起义纪念馆正式对外开放。

光阴荏苒、日新月异，昔日的百年豪华大旅社，已成为千万人敬仰的红色圣地。

走进叶挺指挥部
——重温一个故事

叶挺指挥部位于南昌市苏圃路1号的南昌市第二中学内，这幢"工"字形的两层砖木结构楼房，坐北朝南。该楼建于1925年，为当年熊育钖开办的心远中学校舍之一。

南昌起义时，叶挺31岁，英勇善战，所向披靡。1927年7月下旬，国民革命军第十一军二十四师在叶挺的率领下从九江来到南昌，当时正值心远中学放暑假，叶挺将指挥部设在这里。指挥部二楼是军部办公室、会议室和电话总机房，楼下是警卫部队住房、通讯班和特务连。

叶挺指挥部旧址

1927年7月30日下午，指挥部上下弥漫着紧张的氛围。在二楼会议室召开营级以上干部会议，到会的共有40多位青年军官。为了保密，在会场周围还布置了岗哨。会上，叶挺传达了中国共

历史小百科

中国人民解放军创建人之一——叶挺

叶挺同志是中国人民解放军创建人之一，伟大的无产阶级革命家、忠诚的共产主义战士。1896年9月，叶挺出生在广东省惠阳的农民家庭，因受传统文化影响的父亲的严格要求，他不满7岁就被送进了当地的私塾，开始学习传统知识。叶挺在求学期间，因受"富国强兵"的思想影响，投笔从戎，就读军校，从此开启了革命的生涯。

1927年7月30日下午，叶挺在心远中学内召开了第十一军二十四师营级以上军官会议，传达了起义的决定，并进行了战斗部署。图为第二十四师师部会议室旧址

产党关于起义的决定及前敌委员会对形势的分析，指出：宁汉合作，已成定局，革命遭受严重挫折。根据中共中央的决定，一部分领导人已赶到南昌，准备实行武装暴动，挽救目前的危局。与会军官大多是共产党员，他们对前委的部署一致表示拥护。一贯严谨的叶挺还强调："在南昌的敌人，与我们的兵力比，是绝对劣势，但不能掉以轻心。我们要精心计划，周密准备，在行动前要绝对保守秘密。"叶挺沉着冷静的态度、斩钉截铁的语气，更加坚定了军官们的信心和勇气。

起义中，叶挺指挥第二十四师负责主攻驻守在天主教堂、匡庐中学、贡院、新营房一带三个团的敌军。第二十四师冒着敌人的枪林弹雨，毫无畏惧，再一次显示了"铁军"的威力，涌现了很多视死如归、可歌可泣的革命英雄。许多年轻的士兵在战斗中壮烈牺牲，用自己宝贵的生命向革命致敬。

1977年，人民政府修缮了这栋建筑，使其基本保持原貌。2007年建军80周年之际，叶挺指挥部由南昌八一起义纪念馆接收管理，并进行维修复原。

走进贺龙指挥部
——感受一场战斗

战前的南昌城，连空气中都弥漫着紧张的气息，南昌起义的酝酿和准备工作虽是秘密进行，但在1927年7月下旬，贺龙率国民革命军第二十军以"东征讨蒋"的名义从九江出发，突然开进南昌，在"分共"这个敏感高峰时期，不得不引起南昌城中敌方的关注。

当时，国民革命军第二十军指挥部设在中华圣公会的宏道堂及其主办的宏道中学，位于今天的子固路165号。这栋楼房始建于1916年，是一座砖木结构的小洋楼，分前后两栋，兼具中西方传统建筑风格，颇具特色。更关键的是它与敌第五方面军总指挥部相距不到200米，为侦察敌情、作战进攻均提供了绝佳的地理优势。

当年临街的这栋三层楼房是圣公会办的宏道中学：一楼中间的大厅是学校的礼堂；二楼是中华圣公会的宏道堂；厢房是学校

贺龙指挥部旧址，图中箭头处为南昌起义时留下的弹痕

的教师、职员宿舍。起义期间，军部各个机构分别设在主楼教室和礼堂内。后院的小洋楼是中华圣公会会长、宏道中学校长刘屏庚的住宅。起义时，刘屏庚校长主动将自己的房间腾出来，提供给贺龙、刘伯承、周逸群等人居住。

7月31日晚，起义军已进入全面临战状态。贺龙率领的第二十军负责进攻敌朱培德第五方面军指挥部，歼灭顺化门外大校场营房和南昌城北的牛行车站等地敌军，其中，打得最激烈的就是进攻敌总指挥部的战斗。1927年8月1日凌晨，贺龙、刘伯承、周逸群站在小楼前的台阶上亲自指挥战斗，激战3个多小时，终于取得胜利。至今墙壁上还留有敌人炮弹的弹痕，这正是当年激

> **八一小博士**
>
> **贺龙一心跟党走**
>
> 1927年7月30日下午,贺龙下达最新的作战任务,他情绪激昂地对大家说:"国民党叛变了革命,国民党已经死了。只有跟着共产党走,中国革命才有希望,共产党是人民的救星。现在要在共产党的领导下举行武装暴动,解放人民。我已经下定决心跟党走了,愿意跟我走的可以留下继续一起革命,不愿意的也可以走。"将士们听完后十分激动。

烈战斗的历史见证。

1977年该旧址交南昌八一起义纪念馆管理。1988年江西省文化厅将这里交豫章民俗苑使用管理,1996年改名为南昌市民俗博物馆。旧址经过多次维修,基本保持了原来的格局和风貌。

2016年9月,贺龙指挥部正式移交给南昌八一起义纪念馆管理。2017年,为纪念中国人民解放军建军暨南昌起义90周年,对这处旧址进行了维修保护和复原陈列。

走进军官教育团
——培育一批精英

1927年春夏之交,国共合作下的北伐战争节节胜利,工农运动蓬勃发展,可此时国民党右派的反动面目却越发暴露,中国共产党越来越意识到抓紧培养大批军事人才的重要性和紧迫性。

刚从国外学习归来的朱德，奉中共中央军委指示来南昌工作。此时，由于国民革命军第三军在北伐战争中伤亡很大，军长朱培德准备扩充部队，需要大批军官。正当他急需用人之时，得知曾经云南讲武堂的同窗好友朱德来南昌，万分欣喜，直接授命朱德筹建第三军军官教育团。朱德则借机利用此身份在南昌培养我党的革命骨干。

1927年年初，军官教育团在朱德的筹建下，很快就形成规模，短短几个月时间，共招募学员1100多人，编为3个营、9个

朱德军官教育团旧址

第四部分　红色基因永相传

朱德军官教育团小院

中队（连）。第一营学员主要为原滇军的连、排级军官，第二营学员主要为原滇军的中士、上士衔士兵。这两个营的学员绝大多数受国民革命军的影响。第三营学员主要为江西各县来南昌投考的知识青年。朱德积极从第三军和第二十军中抽调军官来团部工作，并聘请一些社会知名人士任教员，如邀请方志敏、邵式平、曾天宇等共产党员来校授课，以提升学生的政治素养。

除此之外，朱德还非常重视教育团的教学改革。在原有的教学计划中增加了政治课的内容，用马克思列宁主义进行政治教育。他认为因袭旧制，是绝不可能培养出优秀的革命军事人才的，只有在教学方式和体制上提高学员的政治素质，才能让他们运用所学的军事知识更好地服务于人民。

更难能可贵的是，朱德对学员身教重于言传。虽然他担任第三军军官教育团团长、南昌公安局局长等多职，但他的生活依然保持艰苦朴素的作风，宽敞明亮的办公室兼卧室，仅有一张书桌和几把旧太师椅，睡的是和学员一样的竹片床，穿的是与学员一样的灰布军衣，唯一多的是一个公文皮包。朱德和蔼可亲、平易近人，经常在办公室里接见学员，倾听大家的意见，耐心解答学员在学习生活中遇到的难题。他总是以自己的亲身经历来教育大家，强调要理论联系实际，不要照搬书本，对学员的思想教育，更是以理服人，尊重学员的民主权利，杜绝"绝对的、盲目的服从"。学员们不仅把他当作首长，也把他当作生活中的亲人和学习上的楷模，因此他在军中威望极高。

朱德在军官教育团的会上曾说过："学员们的思想急待改造，

历史小百科

武备学堂

第三军军官教育团的前身是江西武备学堂。为何叫武备学堂？自鸦片战争以来，中国逐步沦为半殖民地半封建国家，列强对中国的侵略步步紧逼。1901年1月，清政府宣布实施"新政"，对清朝兵制产生了重大影响。清政府连续颁布两道上谕，命令废除武科，各省会设立武备学堂，以"培养将才、练成劲旅"。全国涌起创办武备学堂的高潮。

也可以改造，我们有信心把他们改造成革命的可靠力量。"通过系统的政治思想教育和军事训练，学员政治觉悟有很大提高，先后共发展了300多名共产党员。第三军军官教育团名义上由朱培德领导，实际上成了中国共产党培养军事干部的学校。朱德把教育团办成了革命的大熔炉，这支由党领导的革命武装力量的出现，有力地推动了江西人民革命斗争的不断高涨。

1927年六七月间，国民党反动当局策划解散教育团，"礼送"共产党员出境。面对日益险恶的政治形势，朱德果断决定让第一营、第二营学员提前毕业，第三营学员则继续留校。后来在朱德的率领下，留下的学员参加了南昌起义。起义后，教育团学员被编入第九军的建制，跟随朱德经过艰苦转战，到达井冈山，成为中国红军的一个组成部分。

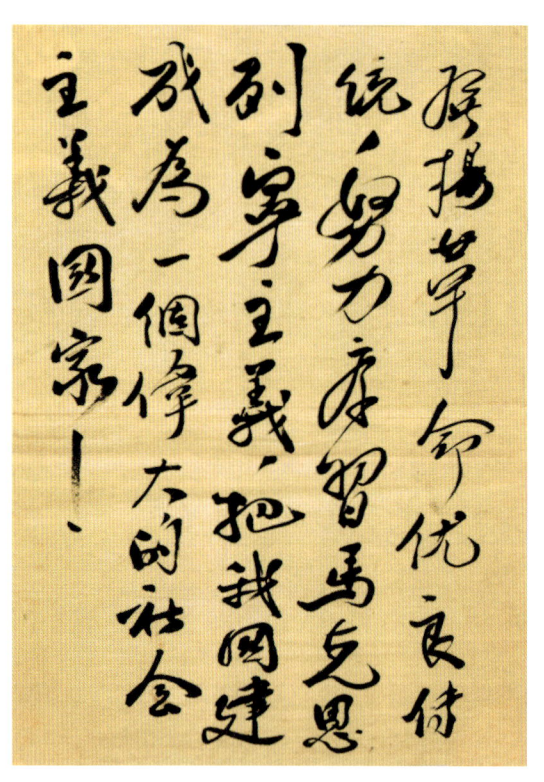

朱德在参观军官教育团旧址时，在当年担任团长时的办公室书桌上题词

1954年，朱德来南昌视察中国人民解放军航空预备学校时，参观了军官教育团旧址，并在当年担任团长时的办公室书桌上题词。题词从左至右竖排，内容是："发扬革命优良传统，努力学习马克思列宁主义，把我国建成为一个伟大的社会主义国家！"

2016年9月，朱德军官教育团旧址正式移交给南昌八一起义纪念馆管理。

走进花园角2号
——认识一位领袖

1927年1月，花园角2号迎来了一位新租客，他就是奉中共中央之命前来南昌开展革命工作的朱德同志。当年江西省政府主席朱培德请他帮忙筹建国民革命军第三军军官教育团。

为了安顿好家人，朱德便将花园角2号整个包租下来作为居所。这栋房子是建于20世纪20年代的一座私人住宅。整栋房子坐西朝东，老式青砖外墙，门口装饰有雕花飞檐，内有前后两个天井，是一栋两层砖木结构的传统江南民宅。这栋民居位于市区中心，交通便利，离军官教育团又很近，便于朱德开展工作。此后，这栋房子成了当时南昌一个重要革命活动的秘密据点。

朱德在南昌开展革命工作的同时，为党内人士及革命群众提供了许多帮助。1927年三四月间，郭沫若随北伐军总司令蒋介石一同来到南昌。蒋介石到达南昌后，就着手反共清共。郭沫若对

朱德旧居花园角 2 号

蒋的反动行径极为愤怒，决心以最快的速度撰写一篇文章，揭露蒋介石的丑恶罪行。他找到朱德，希望有一个既安全又安静的写作环境。朱德十分热情地表示支持，就在自己居所的二楼空出一间房，供郭沫若居住、写作，朱德还派出自己的警卫员照顾和保卫他。不久，郭沫若便在这里撰写出了轰动全国的讨蒋檄文《请看今日之蒋介石》和《敬告革命战线上的武装同志》两本小册子。在文中，他以自己的亲身经历揭穿蒋介石的假面具，气得蒋介石在全国通缉郭沫若。

　　1927 年 7 月，朱德为南昌起义做了大量的前期准备工作。他

朱德旧居阁楼

朱德旧居内景

> **■ 八一小博士 ■**
>
> ### 朱德提妙计
>
> 　　1927年7月27日,周恩来从武汉秘密来到南昌,当天晚上就住在朱德家中的厅堂里。朱德还亲自下厨招待,与周恩来一起研究起义作战方案和具体部署,讨论革命的道路,并且主动提出"设宴请敌军团长,加速瓦解敌军"的妙计,为起义增添了光彩的一笔。周恩来曾高度评价说:"朱德在南昌起义时,是一个很好的参谋和向导。"

利用与第三军上层军官的旧情,探明敌方兵力部署;组织各界群众欢迎"铁军",为叶、贺部队寻找驻地;安顿初来乍到的周恩来等人,帮忙寻找合适住所。

　　南昌起义后,朱德离开南昌,这里仍为民居。1977年,朱德旧居恢复了原貌并对外开放。2017年,为纪念中国人民解放军建军暨南昌起义90周年,对这处旧址进行了复原陈列和陈展提升,复原了朱德、郭沫若的卧室以及花园角2号厅堂等房间,并且辅之以《红土地上的朱德》进行展出,展示了朱德为南昌起义所作的历史贡献。

附录

南昌八一起义纪念馆介绍

南昌八一起义纪念馆成立于1956年，1959年正式对外开放，是为纪念南昌起义而设立的专题纪念馆。1961年，其所辖五处革命旧址——总指挥部旧址、贺龙指挥部旧址、叶挺指挥部旧址、朱德军官教育团旧址和朱德旧居被国务院公布为全国首批重点文物保护单位。

2007年，为纪念中国人民解放军建军80周年，依托总指挥部旧址，建立新馆陈列大楼，占地面积为9981平方米，陈列面积为3625平方米。2017年，对基本陈列进行展陈提升，设计制作全新展览。展览以"南昌起义 伟大开端"为主题，分为"危难中奋起""伟大的决策""打响第一枪""南征下广东""转战上井冈""群英耀中华"六部分内容，另设"军旗、军衔、军服展""亲切关怀（党和国家领导人参观南昌八一起义纪念馆）""光辉历程 强军伟业"三个专题展，通过丰富的历史照片、珍贵的文物全面生动地反映南昌起义的光辉历史，展现了在中国共产党领导下，人民军队由小到大、由弱到强，历尽千辛万苦、战胜千难万险，为实现民族独立、人民解放和国家富强、人民幸福建立了不朽的功勋!

为了增强展览的感染力和冲击力,展览在设计上采用最先进的陈展手段。其中馆内《攻打敌军总指挥部》的场景通过多维视觉景观融入到巨幅油画中,动静结合,真实再现了南昌起义中打得最激烈的一场战斗,让观众身临其境体验南昌起义的战斗过程;大型多媒体魔墙"党史军史查询系统"支持多人同时查询浏览党史军史内容,通过扫描二维码下载图片,可以将党史军史知识带回家;三维全息幻象武器柜采用三维幻象投影技术,将99A式坦克、直10武装直升机等我国先进的武器装备分部件解析。各项多媒体设计紧密结合展览内容,寓教于乐,带给观众震撼的感官体验。

南昌八一起义纪念馆自2008年1月向全社会免费开放以来,始终秉承着"免费不免票,服务不打折"的理念,年均接待量保持在200万余人次,实现了"以史育人、以物感人、以景诱人"的目标。先后获得了"国家一级博物馆"、"国家AAAA级旅游景区"、"中国十大经典红色景区(点)"、全国首批"爱国主义教育示范基地"和"国防教育示范基地"等一系列荣誉。

南昌八一起义纪念馆蕴藏着丰富的历史文化和红色文化资源,是开展爱国主义和革命传统教育,培养社会主义核心价值观的重要资源。以此为依托,南昌八一起义纪念馆将不断开拓创新,充分发挥红色革命景区的资源优势,积极开展爱国主义教育和革命传统教育,致力于打造践行社会主义核心价值观的重要阵地。

后记

《八一军旗红：建军的故事》经一年的采写编辑，几易其稿，终于付梓出版，令编者感到兴奋和自豪！

南昌起义是一个事件、一段历史，它凝聚着一种伟大的精神力量。重温革命历史、讲好"八一故事"、传承红色基因，这与南昌八一起义纪念馆建馆的初衷相一致，也与编辑此书的初衷相一致。本书共分为"石破天惊第一枪""热血铸就军旗红""群英璀璨耀中华""红色基因永相传"4个部分，通过一件件珍贵的历史资料、一个个感人至深的革命故事，充分展现人民军队波澜壮阔的发展历程，让青少年读者们在阅读中潜移默化地受到爱国主义教育和革命传统思想的洗礼。

怀着对历史的崇敬之心，南昌八一起义纪念馆对此书的编纂工作高度重视，馆长王小玲，副馆长熊艳燕、张江提供具体指导并组织实施。刘小花、朱小可、杨雪、周思超、林彦平、熊超逸、周甜、孟欣参加具体编务工作。大象出版社编辑老师对此书的出版进行了专业指导。编辑过程中还得到了多方面的支持和帮助，在此一并致以诚挚的谢意！

由于水平有限，书中如有不妥之处，敬请广大读者批评指正。

编者

2024 年 1 月